AF599869

Un punto de vista

David Escribano Rodríguez

El Eskri

Aliarediciones

Corrección: Inés González Calo
Diseño de cubierta: Jaime Galisteo
Maquetación: Aliar Ediciones

Depósito Legal: GR 117-2024
ISBN: 978-84-10155-39-8

Impreso en España

Edita
ALIAR Ediciones
www.aliarediciones.es
info@aliarediciones.es

Un punto de vista

David Escribano Rodríguez

El Eskri

Este libro se lo dedico a mi hermano Iván.
Porque todo lo auténtico, como las malas «yerbas», nunca muere.

Y sigues buscando el sol, cuando el sol lo llevas dentro.

Poesías

El guerrero *(para los peques)*

Un guerrero siempre lleva la cara descubierta
y siempre mira a los ojos.
Un guerrero se despelleja hasta la victoria.
Un guerrero aprende de las batallas perdidas
para hacerse más fuerte.
Un guerrero caerá, sangrará y llorará, pero siempre se levantará
caminará erguido hacia delante.
Un guerrero está orgulloso de sus cicatrices.
Un guerrero nunca ataca por la espalda, va de frente, es leal,
y siempre está para lo bueno y para lo malo.
Un guerrero sabe esperar el momento, es paciente,
nunca se precipita.
Un guerrero nunca muestra debilidad ni cansancio,
siempre se mantiene firme.
Un guerrero hace del miedo su mejor amigo.
Un guerrero le sonríe a la vida y a la muerte.
Un guerrero siempre grita: ¡se puede!
Un guerrero sabe caminar solo.
Un guerrero tiene palabra de oro, nunca miente
y siempre cumple.
Un guerrero está formado por principios e ideales
incorruptibles, arraigados en la poderosa tierra.
Un guerrero es un corazón puro.
Y un guerrero sobre todo, siempre intenta evitar una guerra.

¿Dónde te quedaste?

El olor de la matriz de tu madre ya quedó muy lejos.
Dime: ¿qué huele ahora tu sucia nariz?
Dime: ¿a qué huele tu amarillenta piel?
Dime: ¿a qué huelen tus opacos ojos?
Dime: ¿a qué huele tu sangre manchada de óxido?
¿No son mentiras para olvidar lo que perdiste?
¿No es un disfraz absurdo para ocultar el mal olor?
Dime: ¿qué hueles?
Dime: ¿a qué huele tu vacío?
¿No es una máscara más que arruga tu personalidad?
¿No hueles los pedazos de tu cara desechos resbalando por el espejo?
Dime: ¿Qué hueles?
El olor de la matriz de tu madre ya quedó muy lejos.
¿O es que ni siquiera tienes fuerza para lanzar un mordisco al aire?
Dime qué hueles, porque si no hueles nada es porque estás muerto.

Un día

Era un día que rugía,
refulgía,
el sol jugaba y repartía (a la vida),
no pedía,
la vida se retorcía,
todo se movía,
los olores se colgaban del aire, arriba y abajo, salpicando alegría,
los cuerpos brillaban desnudos entre colores que aparecían
y desaparecían,
todo era poesía,
corazones puros que forman parte del día,
los sentimientos se arrojaban corriente abajo con osadía,
el cielo le compuso a la tierra su mejor melodía,
la plenitud lucía.
No, no había dueños, dueños no había,
Alto volaba el pájaro guía.

Para mi compañera

Mi mujer, mi compañera, o ya peleó en un tiempo pasado o peleará en un tiempo futuro. Esta vida traicionera no ha querido ponernos a caminar juntos en un mismo presente, pero no me importa porque aunque no esté a mi lado, sé que está viva en alguna parte de la eternidad, en eterna lucha sin rendición y sin descanso contra el enemigo.

Te quiero, compañera.
Tu cabeza mana cabellos revolucionarios,
tu mirada es blanca, verdadera,
tu pensamiento es el puño libertario,
tu alma no tiene bandera,
tus manos solo tocan lo necesario,
tu palabra en mí prende hogueras,
la libertad nace de tus ovarios.
Y si diste tu vida en el pasado, compañera,
tu corazón lo cuidará la tierra.
Y si dieras tu vida en el futuro, compañera,
tu corazón lo cuidarán las estrellas.

Pam, pam, pam

¡Pam, pam, pam! Te dispara la alarma, ¡despierta!

Tic, tac, tic, tac, mira la hora y corre, hora maltratadora que te empuja al lugar donde no quieres ir.

¡Pam, pam, pam! Tuerce la esquina, ¡esquiva!, sus tiros te rozaron pero no te dieron, tuviste suerte esta vez, ¡rápido!, ¡no te da tiempo!, ¡escóndete en el transporte público!

Tic, tac, tic, tac, la torcida hora suda por tus manos y por miles de manos como las tuyas que se atascan y pelean por llegar a ninguna parte real.

¡Pam, pam, pam! Te ha alcanzado, la sangre mana de tu corazón y en tu último segundo lloras profusamente porque ahora es cuando sientes cómo calienta el sol, cómo calienta los blandos ojos de tus hijos, de tus seres queridos, de las plantas y de los animales, cómo calienta la vida, ahora sientes cómo calienta el sol la tierra, y cómo te abraza la noche, camuflándote entre sus sombras, para señalarte esa repugnante rata que siempre detestaste viviendo libre, entre malos olores e infecciones, totalmente indiferente al asesino de tu segundero.

Tus ojos

Mis ojos vieron tus ojos y tus ojos vieron los míos. Se vieron nuestros ojos y mirándose a los ojos, mis ojos a tus ojos y tus ojos a los míos, se lo dijeron todo. Incluso nos sobraron ojos. Mis ojos al mirar tus ojos y tus ojos al mirar los míos, descubrieron un mundo nuevo, un mundo en el que no existían los ojos para mirar, un mundo en el que sin ojos nos mirábamos de verdad. Y ahora tanto se sienten nuestros ojos, mis ojos con tus ojos y tus ojos con los míos, que yo veo por tus ojos y tú ves por los míos. Y con tus ojos, cuando te miro, veo mis ojos y con mis ojos cuando me miras ves los tuyos. Y ahora llevo tus ojos en vez de los míos y tú llevas mis ojos en vez de los tuyos. Y has desaparecido con mis ojos y yo me he quedado con los tuyos. Y tus ojos buscan mis ojos que están contigo y mis ojos buscan los tuyos que están conmigo.

Y cuando me miro al espejo y con tus ojos veo tus ojos, la vida merece la pena.

Cáncer de mama

El niño juega...
Le arranca los pezones a su madre,
muerde el calor que le cuida,
araña los poros de la vieja piel que le alimenta,
bate mierda en la leche maternal.

El parto despidió olor a cuervo y los ojos de la Tierra lloraron durante el segundo en el que el orden natural blandía la guadaña.

Brindo por ellos

Brindo por los corazones desnudos, corazones de vino.

Los que laten sus sueños mas allá de la oscuridad.

Son corazones únicos que se dejan arrastrar por las corrientes para culminar todos juntos, satisfechos, en el gran océano de la vida.

Brindo por los corazones que huelen a lluvia y gotean rayos de sol.

Los que respiran con las plantas, los que comen con los animales, los que aman lo pequeño, los que no se reflejan en los ojos del tiempo.

Brindo por los corazones que vaporizan al mundo con su melodía.

Por aquellos que de entre sus cenizas disparan llamaradas cristalinas.

Por todos eso que saben a tierra.

¡Brindo por los corazones que se abren a la orgía universal!

Conexión

Despertamos,
Sueños bañados en sol, iluminados.
La Tierra late salvaje,
el aliento de la noche brilla en los ojos de los animales,
besos de sangre.
La luna se desnuda en un cielo de negra agua,
estrellas purificadas,
conexión sin palabras.
Madres que huelen a fuego,
plantas que muerden al viento,
sexo.
Fluye el instinto,
crujidos,
vidas llenas, no hay vacíos.
Flexibilidad, espontaneidad.
Música sutil e infinita para la eternidad.

Tengo un sueño

Doctor, no quiero dormir porque tengo un sueño.
Este es un sueño bueno,
es alto y abierto,
es puro y bello,
es largo y risueño,
vacío y lleno,
es supremo,
es perfecto,
sin dormirme así lo siento.
Pero me da miedo
porque es eterno y eterno...
por eso sigo despierto.

Las pollas

Y de repente aparecieron pollas por todos los lados, incluso de sitios donde nunca nadie pudo imaginar que habría una polla pues la había, y además bien erecta, al acecho, esperando la oportunidad. La tierra se agrietó ante el terremoto de pollas que surgieron de sus entrañas, una plaga de pollas que empezó a crecer como las malas yerbas, malas pollas, pollas puntiagudas e interesadas, hambrientas, rojas y moradas, torcidas y todas sin lavar. Y del cielo comenzaron a caer pollas en paracaídas y, otras incluso aparentando libertad, de todo tipo, gruesas y duras, delgadas y fláccidas, todas diferentes pero todas buscando el mismo fin, el follarte, no enseñarte, el follarte. Ejércitos de pollas tiesas guerrearon y guerrean entre sí para conseguir asilo en tu rincón más dulce y salvaje. Los micropenes también demostraron y todavía demuestran su valía.

Para ti, mujer

Y cuando te mueras te enterraré desnuda en la tierra fresca y plantaré un árbol que crecerá robusto y frondoso con el alimento de cuerpo y el agua de la lluvia, y perfumará la Tierra para siempre con la esencia de tu recuerdo.

Tú

Tu pelo, piel salvaje.
Tu boca, piel mojada.
Tus ojos, piel de fuego.
Tus besos, piel de sangre.
Tu olor, piel amada.
Tus manos, piel de verso.
Tu sexo, piel de hambre.
Tus pechos, piel alada.
Tu aliento, piel brillante.
Tu carácter, piel de batalla.
Tu futuro, piel de sueño.
Tu palabra, piel de madre.
Tu locura, piel rasgada.
Tu recuerdo, piel de tiempo.

El beso de una puta

Las putas no besan porque el beso de una puta es su integridad,
es fuego inmaculado,
es una esencia flamante, rebelde, tierna, ¡libre!,
es luz mojada,
es la música de un viento fresco,
es el olor de una madre,
es la sangre de una vida protegida por el corazón,
son sonrisas y lágrimas,
es un lametazo de su instinto,
es un pellizco de un trozo de piel sagrada que guarda como un tesoro para regalárselo a aquella persona que le devuelva la vida,
que le haga de nuevo sentirse mujer.

El hechizo de tu ventana

Y cada vez que paso por tu barrio una fuerza inevitable, magnética, me hace girar el cuello para mirar a tu ventana y ahí quedan mis ojos atados, suspendidos frente a tu ventana, durante dos segundos, solo un par de segundos. Y en esos pocos segundos a través de tu ventana puedo verte dormida y desnuda, despeinada y revuelta entre las sábanas, o despertando con el pijama puesto y sacudiéndote el sueño inflamado que te acompañó en la noche. Puedo verte en la ducha cerrando los ojos y sumergirte en un mundo de jabón y agua caliente que tiene el privilegio de explorar, escurriéndose con desparpajo, cada parte de tu cuerpo. Puedo ver cómo te secas y seduces a ese espejo que te ha visto crecer, con mil y una posturas y muecas. Y puedo ver cómo te vistes cada día con un color más puro. Y puedo ver la pícara sonrisa de tu ventana cuando paso de largo.

Me contó la vida

Me contó la vida un día que si se es honrado, sincero, fiel, que si se va de frente, mirando a los ojos cuando se habla, estrechando con firmeza una mano, o poniendo el corazón en cada abrazo que se da, iba a sufrir. Me dijo que los corazones puros son arrancados del pecho y expuestos en todas las esquinas en señal de advertencia. Me decía que los amigos ya no existen, que todos juegan por su propio interés, y que probaré muchas veces el sabor amargo de la traición. También habló de que abandonara la lucha, que detrás de cada obstáculo se encuentra uno mayor, que no merece la pena insistir, y que la autenticidad camina sola, que nadie quiere verdades, que se vive de la mentira. Y yo le contesté:

«Tú no eres la vida, tú eres la muerte, y yo tengo ganas de vivir».

¿Quién era?

—¿Era rico?
—No, era puro.
—¿Era famoso?
—No, era brillante.
—¿Era guapo?
—No, era extraño.
—¿Era grande?
—No, era humilde.
—¿Quién era?
—Una sonrisa no correspondida.
—¿Una pena?
—No, una verdad.

Fuenlabrada, tierra maldita

Unos dicen que la tierra de Fuenlabrada fue maldita muchos siglos atrás por una bruja que violaron brutalmente y mataron lentamente en una pira aquellas gentes enloquecidas por el cristianismo. Otros dicen que la tierra fue maldita por el mismísimo diablo que se personó aquí para curar a aquellas gentes de su locura y fue despreciado. Nadie sabe con certeza qué es lo que sucedió, el caso es que desde entonces la gente que nace, crece y vive aquí, a partir de cierta edad ya no tiene remedio, está condenada, pero, sin embargo, los que vienen de fuera o la gente joven todavía tiene la oportunidad de salvarse. ¡Váyanse!, ¡lo más lejos posible!, ¡y no vuelvan nunca más!, ¡los efluvios que emana esta tierra enloquece las mentes!, ¡créanme! Ojos borrascosos, rostros desencajados detrás de cada esquina, dedos retorciéndose en oscuras maquinaciones, retortijones, vómitos, babas verdes y sarpullidos mentales, cada pisada deja un rastro funesto, sin solución posible la violencia mata a la inocencia, el detalle es anulado, todo se observa bajo el mismo cristal, el ego crece con espinas poderosas, las almas exangües buscan asilo en perdidas justificaciones, las alcantarillas eructan el silencio de los muertos... ¡Váyanse!, ¡stop!, ¡no pasar! El esbelto tren hace tiempo que nos ha dado la espalda y las vías que quedaron solo abren sus herrumbrosas bocas para alimentarse de óxido.

¿Dónde estás?

¿Dónde estás?
Tu sonrisa se escapó con el amanecer.
Te tuve por un segundo,
crepúsculo líquido,
por un segundo lamido,
por un pestañeo cristalino,
efímero intervalo para saciarme con tu ser y morir.
No te encuentro, aunque te siento en mi piel y mi memoria,
fiel guardiana,
brisa caliente en mis venas.
Solo te pido otro segundo,
el último y más húmedo segundo.

Las palabras están putrefactas

Quisiera escribirte algo pero no tengo palabras.
No quiero escribirte elogios, esa pólvora está ya muy quemada,
Lo curiosa que me pareces, lo divertida o guapa,
lo valiente, lo natural o fuerte... de todo eso no tengo ganas,
para eso sobran las palabras.
Tampoco quiero para ti palabras endulzadas o coloreadas,
esas que ya están tan masticadas,
tan llenas de babas,
tan manoseadas,
tan manipuladas,
que ya no saben a nada,
y si acaso saben a algo es a restos de mentiras vulgares
y manchadas.
No, no seré yo quién te cante alabanzas,
ni el que te diga: «te quiero, cariño» todas las mañanas.
Quisiera escribirte algo pero el papel resulta muy frío
y las palabras están ya putrefactas.
Quisiera escribirte algo pero quisiera escribírtelo con la mirada.

La extraña chica

El otro día conocí una chica extraña, me desató mientras me hablaba, quedé suspendido en el aire solo con sus ojos, el tiempo dejó de existir, y las formas, y todo aquello impuesto en mi mente desapareció, renací flotando solo con ella inmerso en un ambiente desconocido, cálido y luminoso. Todo tenía sentido sin necesidad de pensar, por eso tenía sentido. Una conexión de energías salvaje más allá de cualquier orgasmo tántrico, más allá de la vida, más allá de la muerte. Me desperté solo y feliz en mi cama, otra vez soñé contigo.

La vida es un poema, no se piensa, se siente.

Las mujeres de mi barrio

Las mujeres de mi barrio salen por la noche como les da la gana,
salen solas o acompañadas,
no tienen miedo de nada,
no piensan que van a ser violadas,
ni movidas raras,
no están traumatizadas.
Las mujeres de mi barrio se defienden si tienen que defenderse,
    pegan puños en la cara,
ni buscan ni necesitan, «hermanas», «hermanas».
Las mujeres de mi barrio ríen, bailan, beben y follan
    con los hombres, nadie las convierte en lesbianas.
Las mujeres de mi barrio sonríen cuando las llaman guapas
y regalan besos de oro o de plata,
según la gracia,
según sus ganas.
Las mujeres de mi barrio siempre llevan una rumba en la boca,
    cantando con alegría, pues son medio gitanas.
Las mujeres de mi barrio muchas son maltratadas,
no ponen denuncias falsas
y por eso vomitan en la cara
de aquellas que lo hacen y en las de las feministas de portada.
Las mujeres de mi barrio son de clase baja,
no conocen muchas palabras
pero sí conocen los corazones y también conocen las miradas.
Las mujeres de mi barrio están hechas de otra pasta,
son buenas y buenas, no están malditas, no están envenenadas.
Las mujeres de mi barrio son el último rayo de esperanza.

Gracias, amigo

Gracias, amigo.
Gracias por huir en el naufragio.
Gracias por apropiarte del único chaleco salvavidas.
Gracias por hacerme la aguadilla cuando pedía auxilio.
Gracias por abandonarme a la deriva.
Gracias por descarnarme por la espalda para darle de comer
a los tiburones.
Gracias por la frialdad de tu mar, tus espumarajos mentirosos,
la tempestad de tu traición, el vaivén de las olas artificiales.
Gracias por tu abrazo abrasador en mi piel quemada.
Gracias por tu agua salada para mi sedienta locura.
Gracias por todo, amigo, porque ahora llego a mi isla
musculado, curtido, casi invencible, no existe enemigo poderoso
gracias a ti.
Gracias por todo, grandísimo hijo de puta.

La charca

He nacido en la charca retorcida de la corrupción, he respirado su mal olor, he bebido de sus aguas hasta casi reventar, he nadado, buceado, chapoteado, he crecido en ella y me he cegado hasta formar parte de esta charca corrupta. En esta charca he visto y sentido de todo, y he hecho de todo, he visto falsedades y he sido falso, vi a todo el mundo salpicando hipocresía y yo también salpiqué, vi ojos mentirosos en sus aguas y mis ojos se reflejaron en ellos, me enseñaron que la venganza se sirve en plato frío y ese fue mi alimento y esos platos di para comer, peleé con sapos traidores y me convertí en un asqueroso sapo, he visto todo tipo de seres repugnantes vomitar en la charca y he sentido mi corazón enfermar por bombear esos vómitos, he conocido todo tipo de piel loca en esta charca y me he retorcido hasta volverme loco y arrancarme la piel. Y he aprendido que las almas que se estancan aquí, se rompen y se corrompen y nunca sanan, por el contrario se corrompen más y más hasta que mueren y no se dan cuenta de que están muertas.

Piedra, rueda

Cogiste el sol de la mano y te fuiste con el olor de mayo,
y quedaron solo piedras.
Te llevaste todos los ojos contigo,
ni un trago de viento,
te invoca mi piel y sigo,
semen y callos,
entre sórdidos pensamientos.
Todo es piedra, solo piedras... piedras traicioneras,
que golpean mi estado de espera.
Piedras vomito de mis entrañas,
y las piedras construyen un muro de piedra que el día empaña,
y hasta este muro de piedra cobarde llora tu ausencia,
de piedra es tu esencia.
¿Dónde estás con Todo,
gota abierta a los océanos que al perderte quedaron de piedra todos?
Mi corazón te busca bajo piedras y piedras,
y en las sábanas de piedra te dibujan mis manos,
y de piedra también es el verano.
Y de nuevo estalla la guerra de piedras y las piedras
paren millones de piedras,
piedras pisadas, despreciadas, abandonadas, cuadradas, pesadas, heladas, mudas, rudas, duras, oscuras, ciegas y racionales, antinaturales, artificiales, cautivas, vengativas, sin alas, malas, yertas... muertas.

Tu mirada

Cuando tu mirada arde,
mis ojos se retuercen con los tuyos,
lamen tus colores,
se aprietan contra tus córneas,
te muerden y gimes bajo tus párpados,
tus pupilas se dilatan,
y te penetran hasta el final,
más adentro de ti misma,
hasta tocar tu alma,
y extasiados lloran,
y nuestras lágrimas de placer se trenzan
y mojan un nuevo amanecer.

Como rayos de luz

Como rayos de luz me iluminas
con tu alegría y tu saber.
Como rayos de luz que entre ruinas,
flores vuelven a florecer.

Como rayos de luz me coloreas
la vida desde nuestro amanecer.
Como rayos de luz me balanceas
hasta nuestro próximo anochecer.

Como rayos de luz sale de ti
el calor de la naturaleza.
Como rayos de luz que entran en mí,
secando mis gotas de tristeza.

Como rayos de luz, de la gloria,
que me guían hacia tu lado.
Como rayos de luz en nuestra memoria
alumbrando nuestro pasado.

Como rayos de luz esparcidos,
calientas mi piel.
Como rayos de luz prohibidos,
caliento tu miel.

Tu oscuridad
es una rutilante azucena.
Tu maldad
es la benevolencia sin pena.

Por si acaso te meto mano

Sabiendo que si te meto mano,
de improviso, así de secano,
me arriesgo al bofetón malsano que me deje cano por marrano,
tirano y villano,
me la juego.
Porque si no subsano esta incertidumbre que me llena de granos
insanos,
que parezco más marciano que un cubano vegano, comiendo
gusanos con americanos en Rusia y con sus anos al aire
esperando el verano,
pierdo más que gano.
Y es que no soy altote, ni guapo como fulano,
ni tengo el Don de la sabiduría del anciano,
tampoco soy tonto como Mariano,
más bien soy plano, llano,
pero sano,
y palabra de hermano,
con ganas de ser tu parroquiano,
tu miliciano pagano,
siempre cercano, cercano...
y como el hablar es vano,
y el Escribano siempre fue directo, nunca fue puritano,
yo por si acaso te meto mano.

Mi cresta

¡Quítate la cresta!
Intentaré darte mi mejor respuesta.
Mi cresta
es símbolo de protesta,
denuesta
la ingesta
de avaricia
que infesta
la pureza
y gesta
las mentiras
y arresta
las verdades.
Vomita en tus propuestas,
y siempre está dispuesta
a pelear,
y expuesta
a cualquier peligro,
desnuda se presta
a la lucha,
con hacha y ballesta
contra las cobardes pistolas,
y no se acuesta,
no se echa la siesta,
ni se recuesta,
siempre como mi polla,

¡enhiesta,
de fiesta,
bien puesta!
Incluso traspuesta
te asesta
duros golpes en la testa,
siempre suma y nunca resta,
encesta,
¿apuestas?,
¿no?,
pues quita de en medio que apestas,
molestas.
¿Qué me quite la cresta?
Ja, ja, ja, ja, ¡tira de esta!
Y te jodes si te indigesta.

Las ganas

Y tenía tantas ganas de verte, que cuando quise plasmar el sentimiento en el papel para que me sientas, el papel empezó a correrse y a deshacerse.

Escapé

Rompí la muralla de un zarpazo y te vi, los rayos del sol se retorcían en tu piel brillante, olías a una libertad viva, desconocida para mí.

Para la muerte

Ámala, ámala mientras sea bella, joven y reluciente.

No hay sitio en este mundo para vosotros, la mentira es cómoda, la verdad asusta demasiado.

¿Para qué esperar a que ella se haga vieja?

Ámala, ámala ahora, ama la muerte, llénate de la única pureza que queda en este mundo asqueroso.

Es preciosa, deja que te bese, fúndete en un orgasmo de luz.

Te espera desnuda con una suave sonrisa y fuego en los ojos.

Desconexión

Antes, atrás, no hace mucho tiempo, cuando pisábamos la tierra de verdad, sin mirarme, sentía que sabías que te miraba incluso antes de que te fuera a mirar. Ya no estamos aquí, nos han desterrado muy lejos.

Tu esencia

Solo pienso en tu poderoso coño, en esa naturaleza viva que guardas dentro y proteges de la humanidad, sé que huele a opio. Abre un poco las piernas para que pueda colocarme con tu esencia y renacer.

A la libertad

Salpicaban los rayos del sol en tus ojos resplandecientes y de esa conexión surgieron chispas de oro que te envolvieron en un aura suave y dorada como burbujas de luz. Naciste poderosa, naciste libre.

Que comience el show

Los espectadores con los miembros morados,
la cara amarilla,
los ojos rojos,
la sangre verde,
el corazón azul,
el pelo gris,
la sonrisa negra,
los genitales marrones,
la mente blanca,
el alma polvorienta,
escondidos,
meados y cagados,
frágiles,
consumen su vida apagada,
ceñidos y pegados a sus butacas individuales,
jugando con el ciego y perdido protagonista que agoniza
creyéndose libre en la jaula en la que ha nacido.

Velas apagadas

Ya no brilla tu sonrisa.
Cuando ayer mis ojos acariciaban tu mirada
hoy sangran buscándote en artificiales tierras quemadas.
El calor de tu cuerpo se ha perdido con el sol,
　　　　entre teclas medio borradas,
donde la vida pasa en silencio absorbida por una pantalla fría,
donde los secretos brillan en las babas del espía,
y los vacíos y las distancias crecen en traicionera soledad,
el momento es secuestrado por una cobarde y falsa realidad,
y los futuros se escurren por los desaguaderos de la vanidad.
Aquí tu imagen se distorsiona y se asesina la pureza
　　　　de tu presencia,
y le mendigo a los niños el agua de la perdida inocencia.
Una mancha en el alma es la inteligencia.
Lugar de seres donde se esconden en conexiones sucias
　　　　de la nada y para nada,
son sus corazones muertos y son sus manos olvidadas
　　　　y oxidadas.
Una navegación entre mares de sangre cansada y amoratada.
Y las neuronas desgastadas,
borraron nuestra memoria,
y ahora de nuestra historia
solo quedan velas apagadas.

Mi almohada

Y me espera,
tumbada en la cama paciente y lisonjera,
blanda y comprensiva, buena y sincera,
abnegada a mí por completo,
¡mi alma imperecedera!
Y en la cama me espera,
nunca le importó el sudor de mi borrachera,
tampoco que arrastre otros besos,
ni que poquito yo la quiera,
siempre cumple todas mis quimeras.
Y en la cama me espera,
nunca se compara, por eso es la primera,
callada y fiel como las fieras,
y siempre igual, siempre la misma,
¡y aunque no la quiera ver en la cama me espera!
Y sigue esperando en la cama...
¡Y allí estará aunque me muera!
Y hasta le hago burla con la lengua fuera,
¡nada! Impasible, en la misma postura,
ni muecas, ni la queja más ligera.
¡Y sigue ahí la cansina!
Y a veces la estrujo, la ahogo en la bañera,
la muerdo, la tiro por las escaleras,
y no se inmuta, siempre quieta,
¡me cago en todas sus primaveras!
¡Pero que te vayas ya de ahí!

Pesada, pesada, me desespera,
y es que ni se lava, la guarra traicionera,
y la escupo y la tiro por la ventana,
y bajo a rematarla con cuchillos y tijeras.

El diferente

Son espinas impregnadas
en olores de animal,
las escupe su mirada
y a ti solo te atraviesa.
Son las ansías arrancadas
con un viento liberal,
en el clímax de tu arcada
su sonrisa te las besa.
Es un alma muy mojada
en dulce jugo natural,
y tu seca alma amargada
lo prohíbe, no le interesa.
Son sus noches arropadas
por palabra matinal,
está la tuya enterrada
siempre matas tu promesa.
Van sus ropas desgreñadas,
es rebelde vendaval,
van las tuyas arregladas
a la moda, sin sorpresa.
Va volando con su amada
a su lado por igual,
está la tuya encerrada
esperándote en la mesa.

Da su mano a la maltratada
con un grito visceral,
y tu boca va callada
pues tu mano es burguesa.
Y su vida no es soñada,
la anarquía es su moral,
es tu rana encantada
una rana, no princesa.

La ola de cristal

Este texto surge de las puras y oscuras
entrañas
marinas,
y se levanta con la fuerza de una montaña
hasta la superficie para cabalgar sobre la cresta enhiesta
de una ola de cristal, natural,
que baila por encima de este infierno artificial, de metal,
de pupilas asesinas, de olor a chamusquina, de vidas
de plastilina,
manipuladas, controladas, pisoteadas...
penetrando por cada poro de tu piel, el tesoro
de la más sagrada sangre salada
de la verdad,
siseante, espumeante, refrescante,
sol de libertad.
Te quiere enseñar, no pegar, no castigar, no encarcelar, no matar,
que el tiempo nunca es perdido,
que hay veces que su sal escuece pero que sin ella perece
el latido
de la vida. Que tendrás idas y venidas,
pero que nunca olvides que siempre deberás nadar, nadar
y nadar, hasta el final.
¡Hasta la victoria siempre!

Mi bandera

Mi bandera son corrientes de sangre pura,
ilimitada locura,
almas benévolas seduciéndome en tu piel desnuda,
los cantos de los pájaros o la belleza de una piedra muda,
el olor de tu pelo
o las plantas abrazando el cielo.
Mi bandera no se guarda, ni se iza,
mi bandera profundiza,
vuela libre espontánea y transparente,
es lluvia fresca y sol ardiente,
una esencia recién nacida,
es el color de la vida,
una llave que siempre abre y nunca cierra,
el corazón palpitante de nuestra madre tierra,
versos al viento, desordenados,
sentimientos mojados,
miradas salvajes,
sin principio ni fin, transformándose constantemente
en nuestro viaje.

Hermana del sol

Indiferente era para todos,
indiferentes todos para ella.
Hace tiempo que el tiempo la limpió del lodo,
de sus cadenas,
porque hace tiempo que el tiempo carece para ella de valor,
no tiene sentido,
pues ella es hermana del sol,
por eso el tiempo no podrá matarla,
porque hace tiempo que el tiempo cayó para ella en el olvido.
Media sonrisa me dedicó,
era solo media sonrisa,
y por eso era auténtica,
y por eso estaba viva.

Reflexiones

La diferencia entre justicia y venganza, soberbia y humildad

Justicia: Hay dos personas en una barca en medio del mar y no saben hacia dónde dirigirse, y una le dice a la otra:

—¿Vamos hacia allí? —Y la otra le contesta:

—Me parece bien, vamos.

Así, la barca toma un rumbo fijo.

Soberbia: Las mismas personas en la misma situación, y una le dice a la otra:

—¡Vamos para acá! —Y la otra le contesta:

—No me sale de los huevos, ¡vamos para acá!

La barca no se mueve, no toma ningún rumbo.

Venganza: Las mismas personas en la misma situación pero ahora ya no hablan, ahora se parten los remos en la cabeza.

La barca va a la deriva.

Humildad: las mismas personas en la misma situación y, sin necesidad de hablar, la barca toma el rumbo correcto.

La extirpación de la vida

Los niños, ante millones de ojos muertos, son apresados y operados en los umbríos colegios. Al salir de su cautiverio, la luz de la verdad les deslumbra y buscan desesperadamente La Venda que les proteja los ojos y así ciegos caminar por los caminos marcados. Sus alas quedan sepultadas bajo las pesadas piedras de nuestra cultura. El cementerio de la libertad. Condenados a ser nuevas piezas, mueren.

«Solo los locos y los niños dicen la verdad, a los locos se los encierra y a los niños se los educa». Iosu Expósito.

Pintar libertad dentro de una jaula no te hace libre.

El sol que nace bajo tierra no la puede iluminar.

Siento, luego existo. Pienso, luego muero.

Celda 666

La celda 666 es una celda de muros que no puede ver ni tocar la persona que ha nacido dentro, está llena de ojos siempre abiertos, nunca duermen, ocultos en la invisibilidad de los muros con alfileres en los párpados en lugar de pestañas, vigilando cada movimiento de los que allí nacimos presos. He visto con mis ojos cómo mis compañeros de celda se han ido poco a poco, sin ellos percibirlo, metamorfoseando en cucarachas de ojitos muy pequeños a fuerza de ver todos los días las cucarachas de ojitos muy pequeños que salen por televisión y, ahora, juegan y copulan, con las cucarachas que salen por la tele. Todas las cucarachas de esta celda no saben que son cucarachas y no cesan de reproducirse, y cada vez hay más cucarachas en la celda que corretean por los muros invisibles con una sonrisa en la boca creyendo que corren por el muro libremente. Ellas me tachan de loco, porque me mato a repetir que no están corriendo por el mundo libremente, respirando aire puro y amándose a la luz del sol, que el aire es fétido, que esa luz sale de una bombilla, y que no paran de corretear por muros que no ven dando vueltas y vueltas por una celda vigilada por montones de ojos llenos de alfileres, y que cuando alguna más revoltosa de lo normal muere atravesada por varios alfileres no ha sido un accidente. Y ellas se ríen de mí y me desprecian y me señalan con sus cortas patitas rojizas, y entonces yo les grito lo que son: «Repugnantes cucarachas que me da asco hasta de aplastaros con el pie». Por eso me odian y me consideran su enemigo aunque lo que más les duele es que debajo de su exoesqueleto saben que tengo razón, pero les resulta mucho más fácil y cómodo ser una cobarde cucaracha que reconocerlo y pelear para volver a recuperar su humanidad y su libertad, y por eso se confabulan contra mí y me atacan sin piedad, se me meten por los ojos y me salen por la boca, me torturan para que me rinda y me convierta en una de ellas, pero yo prefiero hacerme una paja antes que ser como ellas, hablar como ellas, ver como ellas, copular como ellas y dejar esa miserable descendencia.

Libertad

No mía, no tuya. Solo dos personas libres que en un momento dado de sus vidas eligen caminar juntos, puede que con sus idas y venidas, puede que solos o con más gente, pero sin ataduras, sin obligaciones, sin condiciones, sin trabas, sin complicaciones, ¡sin miedos! Solo dos personas espontáneas gozando vivir una vida plena por ser puramente libres.

El silencio

Nuestro yo se asfixia con el humo del silencio, no queremos sentir la mirada del silencio hacer eco en nuestro vacío. Escucha el silencio, tu yo te espera para hablarte.

El ojo

Quien ve solo con los ojos está ciego, vive entre tinieblas. La iluminación no se ve, se siente. La muerte no tiene ojos, es sabia, es luz. El ojo es un falso profeta.

Para la ciencia

Todos nuestros sentidos (y solo tenemos cinco más desarrollados que los demás) solo nos pueden permitir concebir una ínfima parte de la realidad o, lo que es lo mismo, una absoluta irrealidad (*matrix*, maya). Si aquello que concebimos es irreal, es mentira, no es lícito siquiera el ponerle nombre a las cosas. ¿Cómo puede tener la ciencia la osadía, la soberbia, el descaro, de establecer leyes universales en un momento dado del presente? ¡Son leyes para un mundo de mentira que afirman como verdaderas! Y al ser mentira, con el paso del tiempo tienen que renovar o cambiar constantemente.

La ciencia es otro fruto de nuestro desequilibrio.

Dicen por ahí

Dicen por ahí que todo tu cuerpo me miraba a mí, pero que tú mirabas a otro. Dicen que solo yo era capaz de señalar la luz de tu magia, pero que tu pensamiento señalaba a otro.

La última flor

Y cuando la humanidad asesinó la última flor el sol decidió apagarse, y las estrellas nos mandaron a tomar por culo.

Utopía

Significado de utopía: esclavo que siente la cadena como parte de su cuerpo, esclavo que no puede soñar con la libertad, pájaro que no comprende por qué ha nacido con dos alas.

El prejuicio

Esta sociedad tiene muchas heridas de ser susceptibles de crítica, heridas evidentes donde se les puede meter el dedo y retorcer a placer, pero tiene una especial que nunca le dejará de sangrar porque la misma sociedad, rendida para todo lo demás, se rebela contra su cicatrización: el prejuicio. No solo es sorprendente, sino que a veces resulta irrisorio, esa falta de escrúpulos, esa negligencia superficial, esa precipitación a modo de salvavidas, esas oscuras ganas viscerales de acusar, ese dedo apuñalador que vuela hasta clavarse en la espalda del señalado, esa apasionante y a la vez fría sed de venganza, esa audacia para la mentira y esa cobardía para la verdad, esa conspiración de murmullos contra el débil para descargar la repugnancia de sus vidas, que tiene la sociedad a la hora de prejuzgar a cualquiera. El propio prejuicio condena al error. ¿Y por qué el prejuicio siempre es vil? Porque la corrupción es vil.

El que habla pestes es porque está podrido.

Un domingo por la tarde

Y varias horas después de que hubiera transcurrido el accidente, alguien, al constatar nuevamente que la visión del destrozo de mi antebrazo derecho le devolvía las náuseas y a la vez cautivado por el divertido dibujo que creaba el goteo de mi sangre entre los diferentes tamaños de los trocitos de cristal incrustados en mi carne hecha jirones y, ante el asombro que le causaba cada una de las gotas de mi sangre al caer a la precisa velocidad que impone la ley de la gravedad al curioso charco que este goteo sanguíneo había creado y que gradualmente iba aumentando —a pesar de desechar alguna salpicadura que otra que se negó a ser partícipe de tan sanguinario espectáculo— en el pulcro suelo de la sala del hospital donde se deliberaba con la debida diligencia la urgencia de si mi antebrazo debía pasar o no por el quirófano, repito, alguien, muy oportunamente, demostrando su sapiencia en su momento más álgido de clarividencia, sugirió que se me trasladara al quirófano inmediatamente. Y dentro del quirófano, después de que se me aplicase la anestesia general, y envuelto entre luces blancas y leves olores a química, fui desparramándome por un profundo sopor, y, justamente en el momento que precede a la pérdida de consciencia para dar a luz al mundo de la inconsciencia, fue cuando pude ver y sentir las expresiones frías de las caras que me rodeaban tornarse en expresiones diabólicas, y acto seguido me quedé dormido dejando mi cuerpo a su entera disposición y voluntad.

La serpiente «el agua de la morte»

«El agua de la morte» es una gigantesca serpiente oscura que habita en la costa de Finisterra (fin de la tierra), en su lado peligroso. Esta serpiente se alimenta atrayendo a su víctima en un baile sensual, retorciéndose, ondulando su cuerpo, sacando su brillante y suave lengua y lamiendo las duras rocas de abajo donde la espera, tendiéndole la trampa a su ojo pecador. Juega siseando, provocándola, y ruge ferozmente a medida que su víctima se acerca para jugar con ella, advirtiéndola, dándole solo esa oportunidad para que se de media vuelta, que se vaya, que el peligro es mortal si osa tocarla, pero ya es demasiado tarde para escuchar porque hace tiempo que se encuentra bajo el hechizo de sus ojos demoníacos y en cuanto su víctima se acerca lo suficiente para meterle mano, se levanta, abre su boca negra y la muerde rápidamente con un rugido mortal, la descoyunta contra las duras rocas donde vive y se retira tranquila y silenciosa, sin dejar huella, despreciando su cadáver. Pocos son los que la consiguen enamorar y acariciar su piel, una piel muy fría. Yo bajé a presentarme después de observar desde arriba durante largo rato su baile, nos miramos a los ojos y no me hizo nada, yo tampoco tuve huevos a bailar con ella, y cuando se iba le toqué el culo y me fui riendo y entonces ella se volvió y me dio un lametazo en la espalda que todavía tengo escalofríos.

Sí, «el agua de la morte» huele a mujer.

Tú decides

Nacemos libres y espontáneos, entre luces y sombras, en el medio de la desnuda escalera de la vida y la muerte. En un extremo de la escalera tenemos un mundo encendido, superior. En el otro extremo tenemos un mundo oscuro, inferior. El ascenso o el descenso dependen de cada una de nuestras acciones. Hay dos tipos de acciones: las interesadas y las desinteresadas. Las desinteresadas nos hacen libres, las interesadas nos hacen esclavos. Una acción desinteresada es un peldaño de espontaneidad, de satisfacción, de humildad, de saciedad, de rectitud, de equilibrio, de fortaleza, de paz y de pureza. Es un peldaño que subimos libres, sin cargas, ligeros, hacia el mundo luminoso. Una acción interesada es un peldaño de premeditación, de insatisfacción, de orgullo, de vacío, de decadencia, de desequilibrio, de debilidad, de perturbación y de corrupción. Es un peldaño que bajamos obligadamente, con cargas, pesados, hacia el mundo oscuro. Elevarse o hundirse, ser libre o ser esclavo, tú decides.

Morder el remordimiento

Aquel que esquiva la piedra y nunca tropieza vaga vacío en su camino. Es un aliento insípido.

Aquel que carga con la piedra para no volver a tropezar jamás, se hunde pesado en su camino. Es una piel marchita.

Pero aquel que pisa la piedra en cada tropiezo termina enterrándola, se hace más fuerte. Es un corazón sangriento.

Asumir las acciones, aprender de los errores, enfrentar las decisiones. ¡Morder el remordimiento!

La costumbre

Y es que estamos tan acostumbrados a caminar medio ciegos hundidos en la mierda y a respirar su aire pestilente como de lo más natural, que cuando alguien con su palabra te quita la mierda de en medio, te abre los ojos y te enseña un par de flores en el camino, sus formas, sus colores tan vivos y su fragancia tan pura nos parecen tan extrañas que nos dan miedo, y nos resultan casi una amenaza, y rápidamente cogemos las palas y con los ojos cerrados otra vez las enterramos con esa mierda tan conocida y nauseabunda.

Sé un soñador

Permítete tu mejor sueño y sueña. Los sueños son libres, son una marea de sentimientos que nos arrastra, nos zarandea, nos hace aguadillas, nos mantiene vivos en nuestro camino. El poder para vivir tus sueños está en tus manos, en ti, nadie te los puede matar, arrancar, se escurren entre los dedos de cualquier sucia mano que los intente agarrar. Puedes resignarte y arder como un muñeco de plástico en las llamas de este infierno o soñar y luchar, vivir soñando. Sueña y lucha por tus sueños. Recuerda: tú y nadie más que tú tiene el poder, nunca te rindas.

Dos magnates

Dicen que estaban dos magnates de las finanzas cenando en un restaurante de lujo, y uno de ellos que tenía más lucidez que soberbia le dijo al otro:

—Creo que debemos empezar a ser conscientes de que la Gran Guerra que se avecina la vamos a perder.

Y su compañero le contestó:

—¿Cómo? Si siempre hemos ganado y ahora además somos más fuertes. Lo tenemos todo, todo el dinero, toda la tecnología, todos los políticos, todos los medios de comunicación, a la justicia, a la iglesia, tenemos infiltrados en todas partes, a la policía, a los militares, gente adiestrada para matar y torturar, lo tenemos todo controlado rigurosamente al detalle en casi todos los países, tenemos el poder, tenemos el planeta tierra bien agarrado. ¿Cómo? ¿Cómo vamos a perder? ¿Por qué íbamos a perder?

Con una leve sonrisa le contestó:

—Porque son muchos más y tienen razón.

Carta de un niño corriente

Hola, mamá y papá, os escribo para deciros que me voy. Y os lo escribo porque sé que si os lo digo a la cara no me dejaréis irme. Me voy porque no me gusta esta vida, no la quiero, ya sé que vosotros me queréis mucho y queréis lo mejor para mí, y yo también os quiero mucho pero yo no puedo seguir viviendo así.

Yo quiero despertarme cuando no tenga sueño, no quiero despertarme tan temprano para ir al cole.

Yo quiero respirar en la calle aire bueno, no quiero respirar ese humo malo que me hace daño.

Yo quiero pintar, dibujar, cantar, imaginar, investigar, descubrir, no quiero ir al cole a aprender tonterías y a estar encerrado.

Yo quiero ver árboles y animales y hacerme amigo de ellos, jugar con ellos, no quiero jugar con el móvil, ni con la consola, y no quiero ver la tele.

Yo quiero gritar, corretear de aquí para allá, no quiero estar en casa o en el cole y que me digan que me calle y que me esté quieto.

Yo quiero poder estar con vosotros a cualquier hora, no quiero ningún horario.

Yo quiero que me enseñéis las plantas y a cazar y a pescar... no quiero ir al cole y no quiero un trabajo cuando sea mayor.

Yo quiero vivir cerca del río y del mar para ir corriendo y tirarme al agua cuando tenga calor, no quiero tener que esperar a las vacaciones.

Yo quiero tener amigos como yo, no quiero los amigos del cole tan aburridos.

Yo quiero ensuciarme, ¡quiero jugar!, y no quiero que me regañéis por ello.

Y quiero veros siempre felices y no siempre enfadados, agobiados y cansados.

Por eso os escribo y os digo que os quiero mucho pero que me voy, no quiero vivir más así.

Hemos llegado a un punto en que no son los niños los que tienen que aprender de los mayores, sino que son los mayores los que tienen que aprender de los niños.

Gilipollas

A ver, tú, gilipollas, sí, me dirijo a ti, gilipollas, no pienses que es una indirecta que le estoy lanzando a otro, no, es una directa y es para ti, gilipollas. ¡Que cagas con el móvil en la mano! ¡Gilipollas! ¿También follas pendiente del WhatsApp, gilipollas? No me extrañaría nada viendo lo gilipollas que eres. ¿Te molesta que te llame gilipollas, gilipollas? Pues te jodes, gilipollas. ¿Qué juegas a competir con todos los demás, gilipollas, a ver quién es el más gilipollas de todos los gilipollas? No te angusties por eso, gilipollas, que ya ganaste, y con diferencia, eres el más gilipollas de todos los gilipollas pasados, presentes y futuros, eres el gilipolla ejemplar, el único e indiscutible e inigualable rey de todos los gilipollas de todos los tiempos, eres: el gran gilipollas. Pero no, tú quieres ser más gilipollas aún, tú no te conformas con ser el número uno de los gilipollas, tú lo que quieres es asustar, que los gilipollas cuando vean tu cara de gilipollas salgan corriendo a esconderse. ¿Verdad, gilipollas? ¿Te gustan las gilipolleces, gilipollas? Pero qué gilipollas eres. ¡Gilipollas!

Ten siempre las puertas abiertas

Nunca le cierres las puertas de tu vida a nadie, tenlas siempre abiertas. No te enfades porque alguien no entra, no te enfades porque alguien no se va. No desees que alguien entre y no desees que alguien se vaya. Deja que la gente entra y salga libremente de tu vida y aprovecha de esas personas que tienes en ese momento presente. De todo el mundo se aprende algo. Todo es energía y la energía se atrae o se repele, deja que todo fluya.

La violencia

La única violencia justificable es la violencia por la supervivencia. Toda la demás violencia no solo está demás, sino que es estúpida y corrompe. Solo se puede construir firme y alto sobre un mundo sin violencia. No violencia.

No pensar, sentir

Di siempre lo que piensas y nunca digas lo que piensas. Los sentimientos son auténticos, los pensamientos son traicioneros.

La cordura

Dicen que según crecía todo lo veía cada vez más borroso, más nublado, le picaban los ojos y tenía un continuo hormigueo en el cerebro que no podía percibir, confusión y confusión, cada día le costaba más trabajo levantar los párpados, el desorden mental se acentuaba, una fina crisis nerviosa le fue envolviendo, poco a poco, sutilmente, hasta que terminó volviéndose completamente cuerdo. Y ya para siempre todo oscuridad.

Posdata: dicen que los locos no saben que están locos. Pregúntense.

Comprensión

Y he llegado a comprender que los débiles siempre deben ser comprendidos, y que los fuertes siempre deben comprender a pesar de ser incomprendidos.

La inteligencia

La inteligencia es una mancha en la sabiduría, un dedo molestando al sol. Una gota perdida en un remolino de pensamientos descontrolados que para salvarse inventa una brújula que acelera su ahogo.

No es no, sí es sí y no sé, pues es no sé

NO es NO dicen, pues claro, y con la misma lógica aplicada SÍ es SÍ y «no sé», pues es «no sé», o al menos eso debería ser, pero en este mundo absurdo y estúpido, opaco, hipócrita, traicionero, ambiguo y mentiroso, pues hay veces que un NO, no es NO y en realidad es un «no» y otras es «no sé» y otras es «sí» y otras es SÍ, y otras el SÍ en realidad no es SÍ y es «sí» o «no sé» y otras es «no» y otras es NO. De la misma manera los «no sé, no sé» son en realidad «no», otras «sí», otras NO y otras SÍ, y otras el NO y NO es en realidad «no» y «no», otras es «sí» y «sí» otras «no sé y no sé» y otras es SÍ y SÍ, y lo mismo sucede con los SÍ y SÍ, y los «no sé, no sé». Pero es que hay más porque hay veces que los «no sé, no sé», es un SÍ que desea ser NO, y otras es el NO que desea ser SÍ y se convierte en «no sé, no sé», y también otras que el SÍ desea ser NO y se convierte en «no sé, no sé», y otras que el «no sé, no sé», es un NO que desea ser SÍ... y así pues infinitas variantes y combinaciones.

Por eso siempre hay que ir por la vida siendo claro y simple para evitar malentendidos, discusiones y enfados vanos.

Y si el NO es NO y no es en realidad ni un «no, no» ni un «no sé, no sé», ni «sí, sí», ni un SÍ y SÍ, ni un «no», ni un «sí», pues debe ir acompañado por un sonoro bofetón.

Y si el «no sé, no sé» es en realidad un «no sé, no sé», y no es ni un NO y NO, ni un «no, no», ni un «sí, sí», ni un SÍ y SÍ, ni un «no», ni un «sí», pues debe ir acompañado por un «mañana si eso te llamo».

Y si el SÍ es SÍ y no es en realidad un «sí, sí», ni un «no sé, no sé», ni un «no, no», ni un NO y NO, ni un «no», ni un «sí», pues debe ir acompañado de un «ponme la mano aquí, Macorina».

Y podría rayarme más pero paso porque ya sería una rayadura demasiado rayada para rayados y rayadas que se rayan por rayarse rayas con Cruz y Raya en el estadio del Rayo encima de las rayas del campo, y entre raya y raya encima de las rayas del estadio del Rayo quedaron rayados y rayadas entre truenos y rayos matando a Cruz y rayando a Raya hasta que se acabaron las rayas.

Los primeros síntomas de la corrupción humana (muy contagiosa y mortal)

-Sordera permanente.
-Corazón que bombea para sí mismo.
-Pecho inflamado.
-Visión corta.
-Lengua amoratada.
-Miembros mecanizados.
-Cerebro obeso y fláccido.
-Vómitos.
-Parásitos en los genitales.

Si presentas alguno de estos síntomas no acudas al médico, vete urgentemente a la montaña.

Posdata: Fáciles de percibir en los demás, difíciles de percibir en uno mismo.

Y cuando despierto, mirándome fijamente, mi amor me espera.

La reeducación

Para reeducar a esta sociedad por lo general machista, fascista, racista, xenófoba, homófoba e ignorante, se debe ser moderado.

A alguien que todo lo ve negro sin un previo entrenamiento no se le puede enseñar el blanco porque no lo va a ver, es más le va a hacer daño a la vista y se va a tapar los ojos, primero hay que enseñarle el gris.

Chulos machos y Barbies con pelos

Si hay algo que me resulte más despreciable que ver al clásico chulomacho, tío duro, follarse a genuinas joyas de la naturaleza que se rinden a su polla por su fama y postureo, es ver a esa especies de Barbies con pelos que arrastran su virilidad, como de cualquier porquería se tratara, por los caminos tontos y desviados que marcan los «nuevos coños de oro» con la intención de ganarse después el favor de un sucio polvo degradante. Mucho macho tan poco masculino y mucho masculino tan poco macho es lo que hay.

¿A qué huele en Semana Santa?

En este estado laico por estas fechas como que hay mucha fiesta, como que mucha gente sale a la calle, como que se espantan los olores primaverales, como que huele a pies. Muchos pies.

Pies insaciables de aventuras entre mitologías y cosmogonías irrefutables, santa fe alegre y divertida. ¡Pies aventureros!

Pies de las sagradas escrituras que velaron por ellas con celo y fervor a fin de evitar que manos perversas las manipularan, tergiversaran, censuraran, inventaran o cambiaran con el paso del tiempo, para que cualquiera, antes y después, pueda leerlas libremente e interpretarlas con objetividad y humildad. ¡Pies guardianes!

Pies que recorrieron el mundo para enseñar, a quien se mostrara interesado, su doctrina, con riguroso respeto y dispuestos a escuchar a otras culturas. ¡Pies salvadores!

Pies que han hecho gran historia por ser buenos, justos y verdaderos. ¡Pies ejemplares! ¡Pies consecuentes! ¡Pies honrados!

Pies que se caracterizan por su adoración a las mujeres. ¡Pies filóginos!

Pies que le exigen al rico para darle al pobre y no se quedan ni para pan ni para vino. ¡Pies de honor!

Pies que luchan a favor del oprimido y en contra del opresor. ¡Pies de justicia!

Pies que tratan a los niños con un especial cariño. ¡Pies de amor!

Pies que fueron y van siempre de frente, con la luz en la cara, jugando limpio, demostrando decencia y pureza. ¡Pies valientes!

Pies que nunca juraron en falso. ¡Pies de Dios!

Pies que incitan a vivir, a luchar, a disfrutar de todos los placeres en todos los momentos, que no juzgan, que no inventan ni el bien ni el mal. Que enseñan al pobre a no ser pobre y al rico a no ser rico, pies fuertes, que liberan a la especie humana y la conducen hacia su salvación. ¡Pies cristianos!

Me parece que huele demasiado a pies.

La chica del servicio

Ayer cumplí con lo único que me faltaba por hacer con una chica: cagar. Porque todo lo demás creo que ya lo he hecho, hemos meado juntos, vomitado, tirado pedos, sacado mocos, escupido, nos hemos tirado cagadas, y las he visto cagar y ellas a mí también, he olido el olor de sus cagadas y ellas han olido el olor de las mías, la he cagado con ellas y ellas la han cagado conmigo, pero nunca habíamos cagado juntos. Y ayer cagamos juntos en un servicio público mixto (mixto como tiene que ser, joder). Ella cagaba a gusto pensando en sus cosas y yo cagaba a gusto pensando en esto y tuvimos una extraordinaria y feliz cagada (al menos yo).

Las apariencias engañan

Os quisiera yo relatar,
la experiencia de una anécdota enigmática,
que por ser yo de vida pragmática,
un día tuve extraño, singular.
Después de una operación prepucial,
para cuidarme del pantalón,
me puse un cilindro muy normal,
quizás un poco largo por precaución,
pero en la calle causó mucha sensación.
Pues hubo quien me insultaba al pasar,
sin embargo también quien me sonreía,
con franqueza digo que no entendía,
la atención a un cilindro tan vulgar.
Y siendo totalmente sincero,
ni me quedo corto, ni exagero,
cuando le pregunté al charcutero
por un buen chorizo para comer,
salió a por mí con ojos muy fieros,
llevando en la mano cuchillo pendenciero,
y tuve que echar de allí a correr.
Nunca debí penetrar
en aquel atestado autobús,
porque aunque con perseverancia
mi cilindro conseguí acomodar
una señora acerba con arrogancia

y señalándomelo con repelús
mi cilindro me quiso cortar.
Y por donde quiera que yo fuera,
ya sea en una cola para pagar,
ya fuera andando por la acera,
o tomando una birra en el bar,
todo el mundo me ansiaba mirar,
unos muy serios, otros confundidos,
por lo que pregunté sorprendido:
¿Qué misterio guardas, cilindro querido?
Pero lo más desconcertante
fue el final de esta jornada fatigosa.
Quizás por entretenerse en el ascensor,
mi vecino de forma asaltante
del bolsillo sacó un medidor,
y enseñándome su cosa,
con su más enérgica erección,
con saña me bajó el pantalón
buscando una precisa comparación.
Doy mi palabra de honor,
que nunca más caeré en el error
de usar un cilindro por mi protección
aunque con ello me muera de dolor.

No todo es lo que parece
por eso nunca debes prejuzgar,
y si la duda se te ofrece
bien harás en preguntar.

El diablillo de pus

Existe un diablillo, el diablillo de pus, que con cara de bonachón se sienta en el hombro de su víctima y le va ganando la confianza con astucia, sin molestar, con su expresión más agradable y divertida, pasando desapercibido, e incluso, a veces, resultando gracioso, para cuando la oreja de la víctima, ya acostumbrada a él, se vuelve incauta, baja la guardia, entonces aprovecha para colarse rápidamente y retorcer el cerebro con el veneno de su pus. Una vez comprobado que el chorro de sus apestosas palabras ha envenenado a su víctima busca la siguiente, para sentarse en su hombro y desde allí aplaudir, dar saltitos y reírse por dentro de todo el daño que ha causado a su víctima anterior, y, prepararse, con disimulo y ganando confianza, poco a poco, para envenenar a su nueva víctima. Solo se necesita una respuesta para erradicar a estos diablillos de pus de una vez por todas, y es esta: «si me vas a venir a hablar de alguien que sea de algo bueno, sino fuera de mi hombro, ¡guiñapo!».

Y aunque

Aunque te hayas convertido en un oscuro ser individualista, egoísta y egotista, que solo mira por sus gloriosos genitales.

Y aunque camines cabizbajo, robotizado, ajeno a la realidad, tropezando con los ojos incrustados en el WhatsApp.

Y aunque te pierdas enloquecido en los centros comerciales comprando innecesariamente lo que te dictan los anuncios publicitarios.

Y aunque salgas todos los días lacerado del trabajo y te consueles repitiéndote una y otra vez con la frase del clásico zote: «es lo que hay».

Y aunque seas el siervo ejemplar del sistema que anhela en un futuro subir en el mediocre escalafón de la esclavitud.

Y aunque por la educación que has recibido o la oportunidad y atracción por el enchufismo que se te ha brindado te hayas arrastrado a ser un siervo y esclavo del sistema, maquinando, elaborando, colaborando, ejecutando, cualquier tipo de misión deshonesta, corrupta, indigna, inmoral, aberrante, en definitiva, misiones anti ti mismo y anti tus conciudadanos, y todavía no consigas percibir el mal olor que emana tu alma y tu asquerosa carne colgante, e incluso te enorgullezcas de tu hediondez como persona.

Y aunque todas las noches seas el cobarde que duerme plácidamente porque por el día se disfraza de gran revolucionario que lucha en las redes sociales jugando a ser periodista o que acude a manifestaciones que sabe que no van a cambiar absolutamente nada, pero que le gusta mucho salir en las fotitos.

Y aunque creas que la felicidad de tu vida consiste o se consigue en tener éxito y para ello compitas con tus semejantes, pisoteándolos, aplastándolos como puedes, recurriendo a todo tipo de artimañas para subir, para sobresalir, y sigas sin darte cuenta de que por mucho que sobresalgas y tu vida sea el éxito mundial seguirás siendo un infeliz, probablemente de los más infelices.

Y aunque creas que la solución de tu vida es ir a votar, e incluso corras a votar a repulsivos partidos fascistas presa del miedo y la desesperación.

Y aunque vayas a la iglesia resignado y consumido, marchitado, para intentar lograr la salvación divina después de haber desperdiciado tu vida en el paraíso terrenal en el que naciste.

Y aunque seas el pobre desgraciado al que marcaron su forma de vivir desde el día en que nació y no tengas la suficiente fuerza y voluntad para arrancarte esa marca y poder tomar tu camino propio y por ello critiques y taches y difames de zorras, guarros, locos y locas... a aquellos que tienen la decencia y el arrojo de despellejarse esa marca y elegir o intentar elegir libremente su propio camino.

Y aunque te rías y/o burles y/o desprecies a personas de distinta condición a la tuya heterosexual por seguirle el juego a los demás, pudriendo tus instintos por tu cobardía. Mírate al ombligo, lo mismo te llevas una sorpresa o quizás es que sabes que no hay ninguna sorpresa y por eso temes mirártelo y temes mucho más enseñárselo a los demás.

Y aunque sometas tu mente a engullir programas preparados y pensados para reducir tu mente a la nada.

Y aunque critiques a los okupas alegando que tienen mucha cara por vivir de gratis en una casa abandonada y, en realidad, sabes que es justa esa respuesta contra la especulación inmobiliaria y sabes que es lo que deberías hacer tú también y lo que te sucede es que no tienes cojones para hacerlo y vives amargado pagándole una deuda al banco injusta y a la fuerza que te está quitando la vida.

Y aunque seas el sórdido compañero de trabajo de sucia traición que mancha su mirada, y aunque seas capaz de mirarte al espejo con tu mirada manchada por la traición todas las mañanas, y aun así seas capaz de mirar a tus compañeros a la cara todas las mañanas, y aun así seas capaz de manchar más tu mirada con más sucias traiciones a tus compañeros de trabajo, lamiendo el sucio culo de tu jefe y quebrantando la unidad obrera, vuestra y nuestra unidad, perjudicando a todos pero sobre todo perjudicándote a ti mismo porque esa mancha en tu mirada jamás podrás limpiártela.

Y aunque te creas que eres el más inteligente de todos cuando sabes perfectamente que solo eres un caradura con labia, una repetición más que es graciosa, que cae bien, una sonrisa que necesita ser perfumada, un miserable que sabe cómo manipular a la gente superficial, a la gente vacía como tú, para ganársela y engañarla, traicionarla, y conseguir lograr sus rastreros objetivos.

Y aunque seas el típico y absurdo obrero de: «viva España y viva el rey, viva el orden y la ley», o alguno de sus semejantes, y sigas y perviertas a tus hijos abduciéndolos en todas las modas, preocupado constantemente por el qué dirán, intentando guardar permanentemente las sucias apariencias para no desentonar con el resto del rebaño y evitar el señalamiento, el cotilleo, las murmuraciones de esta sociedad enferma, acostumbrándote a ver la vida en gris, convirtiéndote en un ser insípido, y luego no tengas ni ganas, ni tiempo, ni dinero, para nutrirte y nutrir a tus hijos con comida decente y bien elaborada y casi siempre os alimentéis con comida basura.

Y aunque tu adormecido cerebro no sea capaz de captar ningún mensaje subliminal de los millones que te aguijonean en los ojos a diario con todo tipo de burlas y ni tan siquiera sientes el dolor ni aun golpeándote con ellos en plena cara para demostrártelo.

Y aunque te hayan contagiado la enfermedad de la maledicencia, del cotilleo, por ser incauto, influenciable, débil, por carecer de una vida limpia, por carecer de personalidad, de carácter, y ahora juegues tú también a inmiscuirte desvergonzadamente en la vida de los demás para pregonar, difamar, inventar, lanzar cuchilladas por la espalda a tus compañeros, escupitajos purulentos a tus hermanos, siempre a escondidas y en voz baja y a los oídos que están igual de enfermos o son igual de influenciables que los tuyos para que se siga propagando tu enfermedad.

Y aunque te creas lo que te dicen las putrefactas noticias, marginadoras de la verdad, que se nutren del sensacionalismo, de la mentira, servidoras de los poderosos.

Y aunque descargues tu amargura insultando y criticando a los más desfavorecidos por no tener la honestidad, ni la valentía de enfrentarte a los que te estrujan día a día.

Y aunque tu cerebro siempre ande confundido, revuelto por una vorágine de rabia y venganza que te limita y te impide ver la razón por la cual cualquiera de nosotros podría cometer cualquier acto execrable, vergonzoso y despreciable, debido a la educación de la cual todos somos ejemplo y responsables, una educación que nos pervierte, nos desnaturaliza, y tú cegado por culpabilizar y evitar tu responsabilidad crucificas y estigmatizas a dicha persona, que repito podrías ser tú mismo, y que es en realidad otra víctima social.

Y aunque mires al suelo cuando bajes con tu vecina en el ascensor porque vuelves a percibir ese hematoma familiar en su cara, debajo del maquillaje, y vuelves a callar.

Y aunque ya no seas sensible ni al sufrimiento animal, ni al vegetal, ni a nada, y te hayas convertido en un trozo de plástico.

Y aunque levantes la cabeza y mires al frente intentando obviar al mendigo que te tiende la mano en el suelo para que le des lo que consideres que te sobra en ese momento, porque sabes que tú, directa o indirectamente, colaboras con esa miseria al negarte a luchar por el cambio.

Y aunque en ocasiones o casi siempre des tu aprobación o te quedes callado, o te mantengas neutral sobre temas o comportamientos en los que en realidad estás en desacuerdo, para evitar ser atacado por la mayoría o tener miedo de ser excluido.

Y aunque te quedes babeando mirándole las tetas y el culo a las prostitutas que sabes que están esclavizadas sexualmente, e incluso contrates sus servicios porque te salen más baratos que otras que se prostituyen voluntariamente.

Y aunque tu diversión sea corear los goles amañados que marca tu equipo con tus amigos, todo borracho.

Y aunque no te guste leer ni muestres una punta de interés por aprender algo por ti mismo.

Y aunque permitas que te engañen y experimenten contigo y con tus seres queridos en centros llamados hospitales para venderte más medicamentos.

Y aunque eduques a tus hijos para que sean nuevos esclavos del sistema y los lleves a centros de sutil tortura psicológica llamados «colegios» que oprimen sus creatividades y sus talentos únicos e innatos.

Y aunque no te importe que te envenenen el agua, el aire y los alimentos, e incluso contribuyas a tu propio envenenamiento con todos los residuos que produces.

Y aunque casi siempre faltes a tu palabra y con ello no solo falles a los demás sino que te estás fallando a ti mismo perdiendo tu dignidad, tu integridad, arrugándote, decreciendo como persona.

Y aunque seas conformista, obediente, manejable, dócil, frío, fácil, resignado, sumiso, desviado, pasivo, hipócrita, mentiroso, débil, cobarde, en definitiva, aunque vivas completamente ciego, si se consigue despertar en lo más profundo de ti aunque solo sea una finísima corriente de mala hostia que te haga rugir en aquel rincón olvidado de tu corazón, aunque solo sea una mínima parte cuando alguien en cualquier parte del mundo sufre una injusticia, que sepas que, aunque tú y yo no nos conozcamos de nada, tú y yo somos colegas. Porque aunque no seas consciente de ello, llevas sembradas en ti las semillas de la justicia y la verdad, y ese es un buen comienzo para caminar juntos.

La gran tormenta

Se avecina la gran tormenta, ojos humanos tiritan de miedo, la preocupación escrita en sus manos eléctricas. Todos se preparan para la guerra celestial, no se repara en preparativos, piernas angustiadas suben y bajan las calles, la inteligencia espera impaciente el desafío. Y cuando al fin estalla la tormenta, late con fuerza el pánico y un espantoso rugido paraliza todos los corazones, se agarran fuertemente los unos a los otros en sus refugios. La violencia del agua parece que va abrir la tierra, el ruido es tan abrumador que absorbe por un segundo todas las conciencias y por un segundo se enciende una llama que ilumina todos los espíritus. Y pasa la lluvia espontáneamente, dando la cara, y se asoman con recelo los ojos humanos tiritando de miedo, y con la preocupación escrita en sus manos eléctricas.

Y mudos quedaron para siempre,
cuando un pájaro indiferente,
y espontáneamente,
vuela el cielo,
libremente,
de nuevo.

Relatos

Colocón y serenidad

Pues visto lo visto, si es cierto lo que se cuenta, y todo parece indicar que sí con absoluta certeza y evidencia, no me extraña nada que Serenidad haya mandado a tomar por culo a Colocón, pues el pollo las liaba guapas. Según parece, y ya digo, sin existir el más mínimo indicio que haga asomar la más mínima duda que permita sospechar lo contrario, Colocón se ponía hasta el ojete y se crecía, y Serenidad se hacía pequeñita, y Colocón en el grado más alto e intenso de drogadicción creía ser el mejor, el ídolo mundial, el rey del mambo, yendo por la calle como un loco, tanto cantaba como gritaba, o se despelotaba y salía corriendo, o meaba a la gente y la escupía, o se pegaba con el primero que, según él decía, le había mirado mal. Y Serenidad, desde su pequeñez, cuando veía que Colocón ya iba a hacer una de las suyas, le tiraba de la manga y le gritaba: «¡Nooo, Colocón! ¡No hagas eso!», y Colocón, desde su subidón, con toda prepotencia y soberbia, le contestaba gritando: «¡Yo hago lo que se me pone en la polla!», y se enchufaba otro viaje de pichu. Al día siguiente o a los días, cuando a Colocón le salía de sus genitales, se iba a dormir y le dejaba a Serenidad con todo el marrón. Y era Serenidad la que se levantaba ronca, con el cuerpo dolorido, sucia, cansada, y la que tenía que sacar pecho y dar la cara contra todas las demás Serenidades que andaban buscando a Colocón y arreglar las correspondientes cuentas que había dejado Colocón mientras él duerme la mona.

La pesadilla

Esta mañana he despertado trastornado, exangüe. He soñado que despertaba en un micromundo donde todo era de piedra y hierro, la tierra estaba tapada por piedras y sobre estas piedras se construían edificios de piedra que servían de casas y a aquello se le llamaba «ciudad». Allí había siempre mucho ruido, ruido por aire y por tierra, y humo, mucho humo por aire y por tierra, y entre el ruido y el humo pude vislumbrar un ojo que me miraba fijamente. Comencé a asfixiarme y me desmayé, y cuando me desperté me hallaba dentro de una casa. Allí había una familia como paralítica, no se movían, estaban escuchando impertérritos la destrucción del mundo a través de un aparato llamado «televisor» con los ojos fijos en él. En la pantalla del televisor había un ojo gigante que la ocupaba entera, y toda la familia, con sus caras inexpresivas y sus ojos vacíos, parpadeaba a la vez que parpadeaba el ojo del televisor. El instinto hizo que me tirara por la ventana y según me caía, sentí las sacudidas del traqueteo de un medio de transporte llamado «tren». De repente estaba en un tren lleno de gente, pero nadie hablaba con nadie, reinaba un silencio de plástico, todo el mundo estaba concentrado con los ojos metidos en una minipantalla llamada «móvil». Me interesé por saber qué requería tanta atención y no pude quedar más desecho cuando vi con mis ojos que la gente se comunicaba entre sí por medio de los móviles. Ya no se miraban a los ojos, no se tocaban, no pronunciaban palabras, ¡todos sus pensamientos y sus sentimientos los escribían! Miré por la ventana y allí había un ojo dando saltos, con una gran sonrisa, señalándome hacia la calle. Seguí la dirección que me indicaba y vi a todos los transeúntes, hombres y mujeres, ¡adultos y niños! Con la cabeza baja, ¡leyendo y escribiendo en el móvil! Me dieron náuseas y vomité y vomité, y en una arcada me desperté dentro de un sitio, con el ambiente oscurecido, al que llamaban «iglesia». Allí había una estatua que representaba a un tipo crucificado, sangrando de manos y pies, con una gran herida en el costado, ¡y que me guiñaba un ojo! Allí dentro había gente adorando y rezando, unos de pie y otros de rodillas, a ese tipo agonizando en la penumbra. Cerré los ojos fuertemente y cuando los abrí estaba volando y desde arriba contemplaba, bañado en aire y sol puro, cómo una marea de gente recorría las calles reivindicando justicia, y cómo otros los hacían correr a base de porrazos y gases, y vi entre las sombras un ojo diabólico que se descojonaba. Quise estrellarme contra ese maldito ojo para aplastarlo de una vez por todas pero en el momento del impacto me desperté entre un montón de personas, de hombros caídos, que recibían y acataban órdenes como autómatas, y todos arrastraban un uniforme de trabajo con el logotipo de un ojo. Y grité, ¡grité muy fuerte para despertar! Y cuando desperté me vi escribiendo mis pesadillas en una red social llamado Facebook para mi falso desahogo, donde a todos mis contactos les suda todo la polla y el coño y que además está inventada y controlada por el puto ojo.

Sexo libre

Y ella follaba cuando le venía en gana, cuanto quería, cuanto necesitaba, follaba con uno, con muchos o con nadie, puede que muchas veces al día o ninguna en meses, en la postura más vulgar o en posturas increíbles, y depende del momento, de cómo se sintiera, practicaba un sexo o practicaba otro, lo probaba todo, experimentaba, agarraba lo que le gustaba y tiraba lo que no le gustaba, a veces follaba y se largaba sin más con un seco adiós y otras veces se quedaba, jugosa, jugaba con el semen, era pura energía, llena de vida, corazón de fuego, siempre en lo más alto y arriesgando, resplandeciente, espontánea, y ella siempre fue virgen, inmaculada, porque siempre fue libre.

El violador

Dicen por ahí que en el año dos mil ciento y pico (y pudiera ser en cualquier lugar), eran tiempos muy lejanos, una vez, un hombre se autoproclamó ser el rey de los violadores, el violador supremo, el gran violador, El Violador. Y aquella sociedad ancestral lo agarró por los pelos y a rastras por el suelo, despellejándole la piel lo llevaron a la cruz y lo crucificaron, y allí le cortaron la polla y se la empotraron por el culo, luego se la hicieron tragar, después le quemaron los huevos con un soplete y lo mataron en una lenta y espantosa agonía. El hombre murió sin comprender nada y su música y su viola murieron con él. O quizás es que tenía un terreno donde se dedicaba al cultivo de las violetas. No importa, el caso es que al desgraciado nadie le enseñó a expresarse bien.

El auténtico

Dicen que había uno por ahí que se las daba de auténtico y que un día decidió eliminar de su vida a todos los falsos, hipócritas y mentirosos, ya de una vez por todas. Cuando se miró en el espejo cogió una pistola y se pegó un tiro.

Fuimos un equipo casi invencible

Refulgía el cálido sol en todos nuestros partidos, los rivales eran fuertes, bien entrenados, listos, diestros y expertos, muchas veces nos dominaban, y aunque tu madre, de vez en cuando, nos encajaba un chicharro por toda la escuadra, nunca languidecíamos, nunca nos dejábamos vencer, nunca nos amilanábamos, nos apoyábamos mutuamente ante la adversidad, sacando fuerzas de flaqueza, como el muelle que se presiona y más fiero rebota nos resarcíamos con rapidez y facilidad, y gracias a nuestra férrea unión y a la energía explosiva de nuestro amor, remontábamos el partido. Yo por mi parte me sentía seguro, fuerte y valiente, y a ti te sentía radiante, feliz. Éramos dos, éramos uno, éramos uno, éramos dos. Teníamos diferencias, discrepancias, jugadas individuales que nos desunían, nos separaban, momento que aprovechaba el guaperas de turno para meterla y así confundirnos, pero nuestros corazones seguían vivos y a pesar de ciertos encontronazos seguían amándose sin pensar. Era un amor arrastrado por el instinto. Poco a poco nuestros encontronazos fueron haciéndose más frecuentes, más fuertes y más duraderos, nuestras fuerzas comenzaron a flaquear, nuestros rivales se crecieron, se hicieron más duros, nuestros corazones mellados lloraban en soledad. Te cansaste de jugar, abandonaste el partido. Los días se oscurecieron, me quedé solo contra todos, pero por un beso, una mirada, una sonrisa, una palabra tuya, merecía la pena seguir luchando. Me cosieron a patadas, me hice amigo del *linier* pero me traicionó, me enloqueció. Aguanté hasta la prórroga, pero para los penaltis ya estaba vencido, derrotado, moral y físicamente.

Ahora se me puede encontrar pintándole las «líneas» a nuestro olvidado terreno de juego, los días de lluvia, mustio, solo y *encabronao*.

Mi suplicio

Esto lo escribo en el intento más vano y vergonzoso de desahogarme, mi entereza decayó, ya no puedo dominar mi mente, ni mi cuerpo, ni mucho menos mi polla. Solo pienso en follar, ¡joder!, follar y follar, y me estoy volviendo loco, pero loco, loco, me encuentro como bajo el hechizo de un maníaco sexual o maníaca. He quemado todos mis libros porque al abrirlos hundía mi cara en sus páginas como si se tratara de una suculenta entrepierna femenina desplegada para mí y mi entera satisfacción, y en cada palabra escrita escuchaba un gemido. No me puedo asomar a la ventana porque todos los sujetadores y las bragas que por allí cuelgan al sol, se agrupan en una montaña y me llaman, me silban, se ponen ahí a pegarme voces y a tirarme besos. Si bajo a la calle a darme una vuelta todas las mujeres se me desnudan y me pongo nervioso y me chocho, digo me choco con ellas. Al mercado tengo prohibida la entrada por orden estricta de mi psiquiatra porque allí todo, absolutamente todo, en cuanto entro y de repente, cobra una vida pervertida y acosadora, los mejillones y las almejas se me abren sin reparos y me persiguen por los pasillos, las peras se empitonan en sus cajas y me apuntan, las berzas se revuelcan y se soban entre ellas, los melones me miran y me sonríen, los conejos me ponen posturas detrás de las vitrinas, ¡joder!

El otro día me detuvo la policía completamente enajenado, en el grado más alto de depravación sexual, practicando cubanas con los quesos de teta. ¡Que no soy yo! ¡Que estoy desbocado! Ninguna mujer me puede dirigir la palabra porque ya empiezo a babear y a tocarme por debajo del pantalón. De hecho una muy buena amiga hasta el coño (otra vez me viene) de mi obsesión sexual, me cogió la cara con las manos fuertemente y en tono imperativo y con dos lágrimas en los ojos me dijo: «No pienses en nada, solo mírame a los ojos», y sus ojos inmaculados me gotearon el éxtasis de todos sus multiorgasmos. Mal, estoy muy mal. Y mis colegas me dicen: «¡Pues, chico, vete a la montaña que te dé el aire fresco! Pero si es que para mí las montañas son tetas gigantescas empapadas por ríos de agua pura, mmm, mmm... Otros me dicen: «¡Pues, chico, vete a otra ciudad!». Y cuando lo intento, todas las carreteras conspiran para señalarme el camino que me lleva a Cuenca o a Logroño entre tubos de escape lascivos que se dilatan y me incitan para que se la meta. Y nunca falta el que dice: «¡Chico, pues hazte una paja!» Ja, ja, ja, ja, ¡ya salió el lumbreras! Pero si he inventado mi propia crema contra el escozor y la inflamación genital. Todo me recuerda al sexo, todo, los higos, las castañas, las esponjas, el césped del jardín, todo los botones, la batidora «así a toda hostia», el penetrar la llave en la cerradura «así despacito», los dibujos de las baldosas me ponen todo cachondo, y por el cielo solo hay tetas, tetas, y más tetas...¡joder, qué dolor de huevos!

La persona llamada rabia

Rabia se levantaba de la cama ojerosa y maldiciendo. Nunca saludaba al día, sus palabras arañaban, con sus sucias manos tapaba las sonrisas, su mirada escupía pus. Rabia tenía una sombra de la que no se ocupaba, la guardaba en un cuarto oscuro y fingía no tenerla, por eso su sombra estaba flaca y triste.

Cada desprecio de Rabia era basura que tiraba al cuarto de su sombra, y que su sombra hambrienta se comía.

A Rabia le salía en su cuerpo cada día una mancha negra que no podía ver y, además, nunca se miraba en los espejos pues los detestaba.

Rabia se sentía cada día más pesada, le costaba andar, y los días cada vez se le iban haciendo más oscuros.

Rabia no podía respirar el momento, se ahogaba, vivía temblorosa pensando en el pasado y en el futuro, y su sombra cansada de comer basura le dio la espalda y la dejó de querer.

Rabia un día se despertó agonizando, con dolores fortísimos en las entrañas y muy débil y despacio se levantó y salió a la calle en pleno día donde en lo más alto del cielo lucía un sol poderoso que brillaba en los trinos de los pájaros, en las hojas de los árboles, en el aroma de las flores, en la inocencia de los niños... pero Rabia solo pudo ver una noche muerta que olía mal, sin estrellas, el árbol de ayer hoy era piedra, las flores eran cenizas, ¡la noche estaba muda! para ella no había nadie. Sintió mucho miedo y se acordó de su sombra y fue corriendo a buscarla a su cuarto, ¡pero su sombra en su cuarto ya no estaba! Hacía tiempo que se había ido, que le había abandonado, allí solo había montones y montones de basura. Desesperada se puso a buscarla a oscuras, llamándola a gritos, y muy nerviosa, apartó y levantó bolsas de basura, mirando por todos los lados, hasta que dio con un espejo grande que de pie se apoyaba de cara a la pared. Rabia le dio la vuelta al espejo y la impresión de lo que vio le heló la sangre. Allí se reflejaba una sombra gorda y fea, deformada y borrosa, de piel áspera, que tiritaba mirándola a los ojos. Rabia le dio la espalda a la espantosa sombra y fue a salir del cuarto corriendo, pero de pronto una bolsa de basura la agarró de un pie, otra la agarró de otro pie, otras dos la agarraron de los brazos, y todas las demás se le echaron encima, y Rabia quedó sepultada para siempre en el cuarto donde guardaba a su sombra y tiraba la basura.

Los diminutos microseres

En el vientre de Gran Madre, entre billones y billones de explosiones, conexiones, reacciones, circunvoluciones, fluctuaciones, atracciones, repulsiones, impactos, rarezas, combinaciones, fusiones, construcciones, destrucciones, contracciones, expansiones, en fin, constantes transformaciones de energía, de colores, multicolores, incoloras, deslumbrantes, opacas, grandes y pequeñas, macrograndes y micropequeñas, positivas y negativas, en continuo movimiento, se gestó un universo, entre billones y billones de universos, que con él se mezclaban, se dispersaban, se desparramaban, nacían y morían, renacían y morían, que se componía, entre infinitas cosas más, de billones y billones de galaxias, con sus múltiples transformaciones. Estas galaxias a su vez, hasta en sus rincones más recónditos y pequeños, contenían billones y billones de sistemas solares de todo tipo. Pues en un pequeñísimo rincón de una de estas galaxias, en un efímero intervalo de tiempo y entre incontables sistemas, existió un sistema solar donde en su interior flotaban unos puntitos llamados planetas, como en todos los demás sistemas, solo que en este sistema solar en uno de sus planetas nacieron unos diminutos microseres con una pizca de inteligencia y una soberbia tan apabullantemente grande que la infimísima parte de realidad que ocupaban en el vientre de la Gran Madre, y de la que ellos solo eran capaces de concebir una vaga distorsión gracias a los cinco sentidos que tenían más desarrollados, la consideraban única y absoluta. Estos diminutos microseres se comenzaron a corromper al darle prioridad al desarrollo de esa pizca de inteligencia que tenían en vez de a la adoración de Gran Madre, que era quien cuidaba de sus vidas dentro de su vientre. Y unos pocos de esos microseres comenzaron a desarrollar excesivamente su inteligencia con respecto a los demás, y por este exceso enloquecieron y se creyeron con derecho a poder dominar ese puntito en el insondable vientre de Gran Madre, su planeta, atentando contra la vida de todos y la propia. Una vez dominado el planeta por la locura de estos poquitos microseres soberbios, decidieron inventar un mundo artificial donde poder someter, sojuzgar y por último esclavizar a todos los demás microseres a su antojo. Y comenzaron a destruir su mundo natural con la ignorancia de todos los demás microseres que no eran conscientes del daño que se estaban provocando ellos mismos y provocándole a la Gran Madre ligeras molestias en la minúscula partícula de su vientre donde habitaban, y obligándola a tomar la sabia decisión de desvincularse de estos pequeños microseres corruptos, desconectándolos de sí, expulsándolos de su cuerpo en un aborto al vacío de su mundo artificial. Y allí en el vacío de su mundo artificial que inventaron para esclavizar quedaron perdidos para siempre, en el efímero intervalo de tiempo en que sucedió su historia.

La profesora Eva

Esta historia no es más que una historia más de las muchas que se podrían contar de la profesora Eva, pero es la única de la que tengo permiso de ella para publicar.

Eva era la profesora de gimnasia del instituto «agáchate, agáchate un poquito más», y por el tiempo en que esta historia ocurrió, Eva ya empezaba a entrar en la madurez pero debido al ejercicio que siempre ha practicado tenía muy buen físico. Su pelo era negro, liso y largo, a la altura de su estrecha cintura, su cara era corriente, de ojos marrones, y, como decía, acompañada de un cuerpo muy bien esculpido, delgado y fuerte, era alta, y tenía dos senos sobresalientes que a pesar de su edad mantenía bien firmes. Sus piernas eran femeninamente musculadas y su culo era turgente, duro y esponjoso. Eva cuando entró en la treintena decidió no tener más relaciones sexuales por rebeldía contra esos hombres que constantemente la molestaban con groserías, esos maleducados, machistas, que le hacían gestos obscenos o le gritaban una guarrería, o aquellos que cuando tenían la oportunidad se apretaban por detrás contra ella «sin querer» en los transportes públicos, o los gilipollas de sus compañeros que se quedaban babeando mirándole el culo y las tetas. Después de una vida de alta promiscuidad, de practicar todo tipo de sexo, ahora con masturbarse (más que de vez en cuando) satisfacía sus necesidades sexuales y no necesitaba de ningún capullo para saciarse.

En una de las clases que daba a los más mayores del instituto había un alumno llamado Doroteo apodado «bate de beisbol». Doroteo era muy corpulento para los dieciséis años que tenía, anchas espaldas, con un pelín de sobrepeso quizás, piernas gruesas y fuertes brazos, también era alto y tenía una cara de entre tantas, pelo castaño y ojos marrones, y según decían sus amantes (que eran muchas y por lo general más mayores que él) tenía el miembro viril como un bate de beisbol, largo, grueso por arriba y que golpeaba con fuerza, de ahí su apodo.

Al finalizar una de las clases de gimnasia, era la última clase del instituto, Eva fue como de costumbre a ducharse a los vestuarios, sabiendo por experiencia que allí a esas horas ya no quedaba nadie. Se quitó la camiseta y la dejó en uno de los bancos dejando en el aire suspendidos sus generosos pechos, se bajó el pantalón y se quitó el sudado tanga quedando completamente desnuda con su pubis ligeramente rasurado, y se fue a las duchas envuelta en una toalla, abrió el grifo, reguló la temperatura del agua a su gusto, y se introdujo debajo de la ducha cerrando los ojos y disfrutando del agua tibia recorrer todo su cuerpo, relajándose, acariciando su cuerpo, y abriendo su ser al aroma de la imaginación... y en ese momento Doroteo salía por la puerta del instituto y fue a mirar el móvil y no lo encontró, entonces recordó haberlo dejado en los vestuarios y salió corriendo hacia allí con la esperanza de que nadie se lo hubiera robado, abrió las puertas de los vestuarios y corrió hacia el banco donde lo había dejado, pero en su loca carrera no vio otro banco que se interponía en su camino y tropezó con él cayéndose de bruces contra el suelo y dislocándose el hombro derecho. Eva escuchó el golpe y a continuación lamentos, quejidos y alaridos, y sobresaltada salió corriendo de la ducha envolviéndose deprisa en la toalla para ver qué es lo que había sucedido. Cuando llegó encontró a su alumno Doroteo tirado en el suelo y quejándose del hombro derecho.

—¿Qué te ha pasado, Doroteo? —le dijo Eva con su pelo negro y largo chorreando agua y empapando la toalla que cubría su sinuoso cuerpo.

—Que he venido corriendo a buscar el móvil y he tropezado con ese banco de ahí, me he caído al suelo y me he hecho daño en el hombro derecho.

—Déjame ver —le contestó Eva. Y Eva se agachó poniéndose a la derecha de Doroteo para examinar el hombro. Le dijo:

—Lo tienes dislocado, no te muevas que te lo voy a colocar.

Y Eva concentrándose en la tarea de colocarle el hombro a Doroteo, se olvidó que solamente llevaba una toalla por prenda y en cuclillas como estaba involuntariamente abrió un poco las piernas para acomodarse mejor y así apareció ante la vista de Doroteo el coño mágico de Eva goteando de su escaso vello púbico moreno gotitas de agua limpia y cristalina al suelo que le incitaban a beberlas poco a poco, lamerlas una a una. Y entonces Eva con un movimiento rápido colocó el hombro de Doroteo y se levantó para ayudarle a levantarse, ignorando que la toalla se le había recogido por encima de los muslos y que su coño estaba completamente al desnudo a pocos centímetros de la cara de su alumno, y Doroteo, más que excitado (cuántas veces se habría pajeado pensando en su profesora de gimnasia), instintivamente acercó su lengua al coño de su profesora y lamió todas esas gotitas de agua límpidas que flotaban desordenadas en su vello púbico. Eva sintió un calambrazo que le recorrió desde el vientre hasta la nuca, hacía ya tanto que nadie la tocaba, que nadie la besaba, que nadie la lamía ahí, que quedó paralizada. Y entonces Doroteo al ver que su profesora no se movía se envalentonó y le dio otro lametazo, y luego otro más, y otro, y comenzó a chupárselo, a succionarlo, a mordisqueárselo suavemente, a jugar con su lengua y su boca con su coño, empapándose profusamente de flujos calientes que brotaban sin cesar de ese coño ardiente, y se llenaba la boca de ellos y tragaba lo que podía como anacoreta sediento bebiendo de un dulce y fresco manantial. Eva de la parálisis pasó al estremecimiento, y del estremecimiento al abandono de su mente y sus sentidos e inconscientemente con sus dos manos agarró la cabeza de su alumno y se la incrustó entre las piernas. Doroteo ya no pudo contenerse más y de un viaje cogió a su profesora y la tumbó en uno de los bancos, con una pierna a cada lado del banco, bien abiertas, mostrándole todo su jugoso coño derretido, abierto, hambriento, ansioso por devorar, se bajó el pantalón, sacó su gran miembro viril y de un empujón penetró a su profesora hasta lo más profundo de su ser. Doroteo empezó a embestirla con fuerza y cada vez más rápido, apretando sus tetas con las dos manos hasta clavarle las uñas entre jadeos desvergonzados, y a Eva se le pusieron los ojos en blanco y con la boca abierta, babeando y gimiendo, entre el calor y los sudores de los dos cuerpos, solo pedía más y más, desbocada le gritaba que la follara y la follara, que se follara a la puta de su profesora hasta reventar, y entonces Doroteo explotó dentro de su coño un volcán de semen caliente que hizo que Eva se corriera frenéticamente, convulsionando todo su cuerpo, y cuando el clímax pasó, Eva estrujó con su coño las últimas gotitas de semen de la polla de su alumno, se incorporó, besó a Doroteo en la boca, y se fue corriendo a la ducha intentando olvidar todo lo sucedido, debajo, otra vez, de su chorro de agua caliente.

Confesión de la profesora Eva

Ya que en el primero y único relato que he publicado había un alto componente antimachista, casi antimasculino, la profesora Eva me ha pedido que publique otro de ella, el definitivo, en el que explique detalladamente porqué siente ella esa aversión hacia los hombres, y, también para sacar a la luz toda la verdad de una vez por todas.

Toda esa aversión hacia los hombres se forjó en ella en sus años de universitaria. Aparte de aguantar casi a diario al arrimacebolleta de turno en los transportes públicos, toqueteos indebidos y demás, de aguantar al paleto de lengua sucia que hiere su natural sexualidad, de aguantar a los mirones de ojos desorbitados, viejos verdes, etcétera, Eva sufrió en la universidad la traición más sucia y repugnante que pueda sufrir una persona por sus colegas más íntimos. Eva, como ya sabemos, era una chica muy pero que muy atractiva, transparente y extrovertida, pecaba un poco de ingenua pero no por ello le faltaba carácter ni mucho menos inteligencia. Del mismo modo que todo el mundo se acercaba a ella para conocerla, ella se abría a todo el mundo sin despreciar a nadie. Y contaba en toda su pureza lo que sentía y pensaba en cada momento, de ahí que cogiera confianza rápidamente con cualquier persona. Incluido el profesorado. Por eso Eva tenía muchos amigos (o eso creía tener), amigos de la infancia, en el vecindario, en el pueblo, amigos de vacaciones, en la universidad, e incluido el profesorado como decía. Sí, ¿por qué no? ¿Qué mejor amigo que un profesor que tiene experiencia de vida, es maduro mentalmente, inteligente y culto? (de los mejores consejeros bajo mi opinión).

A Eva como a todos y a todas en la juventud, ya sea por la inmadurez o la revolución hormonal, nos fijamos en las buenas figuras y Eva, pues igual, a ella le gustaban, le atraían, le excitaban, vamos, que le ponían cachonda los tíos de cuerpo atlético, guapos, y con esa pizca de chulería y fanfarronería que les hace parecer seguros de sí mismos e interesantes. Así que Eva tenía por novio uno de esos muchachotes, muy guapo, de gimnasio, un poco más mayor que ella y el más chulo por excelencia. Todo un *playboy* que le hacía correrse tres veces como mínimo cada vez que follaban. Sus relaciones sexuales con este tipo eran casi diarias y muy libres pues follaban donde les daba la gana, en coches, hoteles, en el campo, servicios públicos... y el chulomacho de su novio de sus relaciones sexuales con Eva se jactaba delante de todos los demás chulosmachos y de otros que tampoco eran tan chulosmachos, con comentarios que la degradaban, la humillaban, comentarios que atacaban y dañaban su integridad personal, desguazaba su intimidad sin ningún escrúpulo y la machacaba para quedar como el superhombre riéndose de ella con los demás chulosmachos y otros que tampoco eran tan chulosmachos. Pero una vez un chulomacho en competencia con él por ver quién era el más chulomacho del reino de los chulosmachos atacó su orgullo varonil delante de todos los chulosmachos acusándole de mentiroso, exactamente fueron estas las palabras que pronunció:

«¡Anda, *flipao*! ¡Tú no has hecho eso que dices con Eva ni de coña! ¡*Flipao*, que estás *flipao*! Lo cual afectó profundamente al chulomacho y para curar la grave herida en su dignidad, se peleó a puñetazos con su más ilustre competidor. Pero su reputación de supermacho quedó mancillada, ya no tenía la misma credibilidad, y para limpiarla decidió hacer una grabación follando con Eva para enseñársela a todos y así demostrar que él sigue siendo el líder de todos los chulosmachos del barrio, del municipio, de la comunidad y del planeta. Así que elaboró su gran plan utilizando la ingenuidad del amor que siente Eva por él, para engañarla vilmente y volver a quedar bien con una sociedad enferma y poder sentirse bien consigo mismo disfrazando su inferioridad mental con la falsa superioridad de la vanidad.

Alquiló una habitación de hotel, escondió en ella varias cámaras y micros colocados en distintos ángulos, después llamó a Eva para quedar para cenar. Así que quedaron. Todo sucedía como él esperaba pero Eva le encontraba un poco extraño, se hacía demasiado el gracioso, estaba como sobreexcitado y como que tenía demasiada prisa por subir a la habitación, vamos, que lo encontraba un poco nervioso cosa muy extraña en un chulomacho de su categoría, pero no le dio importancia (pues no siempre se puede estar de sobresaliente en esta vida). Así que cenaron y subieron a la habitación, y como animal en celo él comenzó a besar a Eva agarrándola fuertemente del culo, la desvistió rápidamente quedando Eva al desnudo flotando sus dos buenas tetas lisas y flamantes en la estancia, y llenándolo todo de color su coño rasurado y su culo prieto y redondeado. Comenzó a chuparle las tetas con frenesí, le chupaba y le succionaba su pezón rosado como un chupete, luego cambiaba al otro mientras su mano derecha se abría paso entre sus piernas y sus dedos se iban introduciendo poco a poco dentro de ella. Eva comenzaba a mojarse sintiendo cómo se iba abriendo todo su coño empapado y caliente. Eva estaba excitada, sus pezones duros pidiendo lametones y pellizcos, la respiración cada vez más acelerada y su coño babeando y empapando los dedos que con pericia vibraban dentro. Entonces el chulo macho se bajó el pantalón y los calzoncillos, la puso de rodillas y le metió la polla bien dura y erecta hasta la garganta, pues le ponía más cachondo el saber que todo estaba siendo grabado. Así que desbocado le decía: «¡¡Vamos, métetela entera hasta la garganta! ¡*Cacho* puta!», y le cogía la cabeza con fuerza hasta que veía que Eva no podía más y entonces aflojaba para que respirara un poco y después continuar. Eva no comprendía este comportamiento tan brusco y por un momento se quedó fría, pues nunca antes habían practicado el sexo con violencia, pero decidió seguirle el juego pues tampoco le desagradaba y siempre fue mujer de experimentar. Así que se puso en cuclillas abrió las piernas y comenzó a masturbarse con la mano derecha mientras con la izquierda le pajeaba y se tragaba su polla. Cuando él decidió que ya era hora de actuar, le ordenó ponerse a cuatro patas apoyándose con las manos en la mesilla de noche y la penetró por detrás vaginalmente, y empezó a follarla mientras con la izquierda la agarraba fuertemente de la cintura arañándola y con la derecha le azotaba las nalgas a la vez que le preguntaba quién era la más guarra de todas, a lo que Eva respondía con jadeos y gemidos apoyándose con la mano derecha en la mesa y tocándose y pellizcándose las tetas con la izquierda.

Entonces él la agarró del pelo, tiró echándole la cabeza hacia atrás y le volvió a repetir: «¡He dicho que quién es la más guarra!», y Eva respondió: «¡Yo! ¡Yo soy la más guarra! ¡Soy tu guarra! ¡Fóllame!». Entonces su querido sacó un botecito de lubricante del bolsillo de la camisa y mientras la empalaba por el coño empezó a extenderle el lubricante por el ano y alrededores y poco a poco le fue metiendo un dedo cada vez más adentro, se lo metía y se lo sacaba despacito y cuando el ano de Eva empezó a dilatar le metió otro dedo y siguió jugando adentro y afuera, adentro y afuera. Eva cerraba los ojos y aguantaba, pues nunca antes le habían explorado esa zona sexualmente y mucho menos con una polla dentro de su coño. Sentía ciertas molestias mezcladas con placer pero se esforzaba en encontrarle el punto. De pronto sacó la polla de su coño y se la metió por el culo de un empellón, «¡AH! ¡AH! ¡ME HACES DAÑO!», le gritó Eva. A lo que su novio le contestó: «¡Aguanta, zorra, que esto me encanta, puta!», y tirándola del pelo con la derecha y azotándola con la izquierda, estaba ya a punto de correrse cuando se la sacó, le dio la vuelta a Eva, la puso de rodillas y se corrió por toda su cara. Y con dos dedos recogió parte del semen de su cara y se los metió en la boca. Y, luego, con todo el desprecio, le dijo: «ya me has dejado contento, lárgate cuando quieras». Sobra decir que el polvo en sí fue el peor de toda su vida para Eva, pero lo peor fue el comentario, le dolió tan profundamente ese vómito verbal en sus entrañas que quedó aturdida y mecánicamente se vistió deprisa, se lavó y se fue de allí corriendo. Eva llegó al campus universitario llorando, esquivó a todo el mundo, subió a su habitación, se duchó, se calmó, y decidió firmemente no volver a ver más a ese hijoputa, pues ya sabemos que era una chica fuerte de decisiones solemnes. Así que a la mañana siguiente fue a clase como de costumbre habiendo casi superado el asqueroso y despreciable suceso de anoche. Pero allí en la facultad la gente se comportaba de un modo extraño, los tíos la miraban con lascivia, las tías parecía como que se reían y se burlaban de ella, había murmullos e insinuaciones groseras e incluso uno le llegó a tocar el culo mientras todos y todas reían la execrable acción del osado «compañero». Y cuando ya Eva se iba a liar a hostias con el susodicho del culo, apareció una amiga suya corriendo, se la llevó rápidamente de la facultad y le contó que circulaba un vídeo suyo por toda la universidad, que a ella le acababa de llegar al móvil y sin más preámbulos se lo mostró.

Eva, al verse en el vídeo entrar en la habitación del hotel se desmayó. Llamaron a una ambulancia, su amiga les dijo a los ATS que acababa de sufrir un fuerte impacto emocional, y se la llevaron al hospital. Como decía, Eva era una chica muy fuerte y lejos de suicidarse o buscarse la ruina por un subnormal y una sociedad enferma decidió que lo más sensato era buscar consejo y fue a contárselo a la persona que creía que era la más capacitada para poder ayudarla, además de ser una de las personas en quién más confiaba en el mundo. Su profesor de filosofía. Después de narrarle todo lo ocurrido y al ver que era un asunto que afectaba gravemente al prestigio de la universidad, el profesor le pidió a Eva que le acompañara a explicárselo todo al rector. Una vez explicada la historia al rector, y habiendo sufrido una terrible vergüenza, el rector se levantó, sacó su móvil, reprodujo un vídeo y con una sonrisa le dijo a Eva si era ése el vídeo al que se refería.

Eva palideció y comenzó a sudar profusamente y a marearse, el profesor se puso detrás de ella y comenzó a masajearle los hombros, luego bajó sus manos hasta sus pechos, y le dijo: «Tranquila, Eva, si eres igual de complaciente con nosotros como con los demás te ayudaremos». Y el rector le echó el cerrojo al despacho.

La enseñanza del mañana

Resplandecía, en la más desamparada soledad, entre un silencio acerbo, un llanto de auxilio, que rebota en las tensas y húmedas paredes violentadas con las marcas de la muerte, y, sale expelido por las fisuras del fúnebre hogar extendiéndose por la calle, infectada de hedores nauseabundos, infectada de sádicos amaneceres que nos reprochan con su luz, el espanto del dolor bañado en suciedad, el espanto de cientos de mutilaciones que burbujean en la ciudad. Trozos arrugados de carne purulenta cuelgan de los edificios como pidiendo socorro, unos más grandes, otros más pequeños, pero todos tienen estampado el sello del frío asesinato que se escurre y se esconde por las alcantarillas. A este paisaje cruento de carne putrefacta golpeada contra la acera, le acompaña una mórbida luna que con su luz agrieta la sórdida y densa oscuridad. Este era un llanto tierno y potente, fresco, un llanto blando y cálido, que delataba su abandono entre las fieras sombras y mendigaba al fango de la decadencia humana, un beso, una caricia, una presencia, una ráfaga de calor, el crujido de una apagada voz. En lontananza, entre los umbríos edificios, se vislumbra una sombra que vaga, por el cementerio de calles, recogiendo las señales que el llanto ofrece. La velocidad de la sombra es increíble, impresionante, parece que no corre, se desliza vertiginosamente por el desecho de cadáveres y solo se puede percibir una huella oscura y borrosa que aparece y desaparece al doblar las esquinas a la luz mortecina de la luna. El individuo se para enfrente del edificio, donde el llanto no cesa procurando llamar la atención, y penetra en él. El portal sumido en la oscuridad se encuentra anegado por un ambiente siniestro, efluvios viscerales de alientos torturados. El llanto procede del segundo piso y para poder subir por la escalera tiene que apartar a dos mujeres abrazadas, una frente a la otra, arrodilladas, con los pies retorcidos por la caída a plomo de una limpia decapitación, que obstruyen el paso. Sube al primer piso y en la oscuridad del descansillo, aparta con los pies los diversos cuerpos y miembros que hay esparcidos por el suelo. Comprueba que el llanto no proviene de ninguna de las casas que hay en esta planta, y sube al segundo piso. En este puede percibir cómo escapan los sollozos por el vacío que ha dejado la puerta principal, la cual ha sido arrancada, y entra con energía y decisión a la casa en cuestión. Lo primero que le llama la atención, al entrar en la casa, son dos cuerpos yertos, tirados en el suelo del salón, que en la oscuridad presente solo perforada por la tenue luz de la luna que penetra por los cristales de la ventana, se presentan bañados en su propia savia negra, con los pringosos corazones desgarrados por el torso y arrojados al desolado suelo con el olor a sangre fresca que impregna el aire, con el característico desorden ajado resultante de una lucha agotadora por la supervivencia. Mira de soslayo la grotesca y vil escena y con paso rápido se dirige hacia el foco dulce de compasión, de frágil vulnerabilidad, donde procede el llanto. Es una habitación totalmente inmersa en la oscuridad pero el llanto ilumina el lugar donde se encuentra protegido. Escondido, bien arropado, entre mantas, y apoyado en una suave y mullida almohada, en el fondo del falso techo de un armario, se encuentra el último vestigio vivo de la especie humana. El recién llegado lo saca de su escondrijo y, en brazos con él, se da la vuelta y lo apoya encima de la cama que encuentra a su espalda. Es un bebé, vestido solo con un *body*, que con sus ojillos brillantes y jugosos le mira a la cara, agitando nervioso sus dos bracitos y sus dos piernecitas desnudas de arriba a abajo y sin cesar de llorar. De pie, mirando al desvalido bebé, contempla fijamente, cómo manan ríos de lágrimas que ruedan por sus regordetas mejillas. El nuevo amigo, sin dejar de observarle y de pie a su lado, se lleva dedos índice y corazón a los labios como pidiendo silencio. El bebé le corresponde sustituyendo su amargo llanto por una pequeña sonrisa de paz ,y, su salvador, con un rápido movimiento de brazo le incrusta los dos dedos en los dos globos oculares del pequeño hasta el tibio y gelatinoso cerebro, apagando así el último hálito humano, el último gemido humano, el último calor humano. El intruso después de cumplir su objetivo, sale volando por la ventana de la misma habitación. En sus ojos no hay rastro de remordimiento, ni de culpa, son ojos inexpresivos y fríos. Los rasgos de su cara son duras facciones adustas, pero sin una sola arruga, sin un vestigio de contracción facial, es una cara totalmente lisa, diabólica, como de muñeca pero de carne, es una cara con apariencia humana pero sin la chispa de la vida en ella.

Las sábanas, así como la almohada, se retuercen en sudor, mientras se mueve entre ellas un cuerpo jadeante y quejumbroso...

El primer objetivo que tomaron los androides para el comienzo de la destrucción humana fue la élite capitalista. Esta élite, el gobierno de las sombras, los verdaderos amos de la humanidad, era una organización secreta creada y dirigida por los cuatro hombres más poderosos del mundo, cuatro psicópatas expertos y especializados en finanzas y estrategias políticas. A este núcleo principal le seguía una organización de personas ultraselectas compuesta por los banqueros más importantes, líderes mundiales, académicos, jefes de gobierno, dueños de imperios mediáticos, reyes y príncipes... que se confinaban una vez al año, en hoteles de distintas ciudades del mundo, para debatir y decidir el futuro de la humanidad. El objetivo de esta poderosa y malévola organización era convertir a la gente en sus esclavos y para ello tenían un plan maquiavélico alimentado por diversas fuentes de poder. Para someter a la población bajo el yugo del más absoluto y despiadado dominio, atacaron de una forma sutil, paciente y perseverante, atacaron con una guerra silenciosa. Su arma fue un ataque contra la vitalidad humana, agotándola física, psíquica y emocionalmente. Como objetivo primero y principal idearon el «círculo de la debilidad», una quiebra física mediante la explotación laboral, lo que en consecuencia producía una quiebra psicológica mediante la insatisfacción personal, y una quiebra emocional debido al gran miedo que sentían permanentemente. La sociedad vivía soportando, diariamente, la pesada carga del miedo, miedo a la pérdida de su precario trabajo por miedo a no poder afrontar las numerosas letras que les acechaban, que les perseguían, y que les amenazaban con perder sus casas, su coches, sus elementos básicos de subsistencia, miedo a no cumplir con lo establecido por las duras represiones policiales a todo aquel que quisiera rebelarse o expresar su opinión en manifestaciones, y miedo de los resignados creyentes por ir al infierno. Este era el círculo de la debilidad: Miedo y explotación = Debilidad, Explotación y debilidad = Miedo, Miedo y debilidad = Explotación. Una vez languidecidos física, psíquica y emocionalmente pasaron a su segundo objetivo, «la ignorancia». Sometieron a la población a una educación muy básica, el nivel cultural de la sociedad era ínfimo, lo cual les permitía doblegarlos mucho mejor ya que los ciudadanos ni entendían, ni tenían fuerzas para entender. Su tercer objetivo fue incitarles al consumismo descontrolado, la televisión y la radio vomitaban publicidad. La corrupta, vendida y mentirosa prensa se mancillaba aún más con su viscosa publicidad. Los buzones de los portales parían publicidad, la calle se convirtió en un mar infecto, fraudulento y turbulento de espantosa publicidad que ahogaba al ciudadano. Por donde quiera que alguien fuera, allí se colaba la publicidad, la publicidad era un incansable depredador, ladino y pérfido, que aprovechaba la flaqueza y la ignorancia para persuadir a gastar las últimas gotas de dinero. Y su cuarto y último objetivo fue la «distracción». Los deportes televisivos empleados como medio de desahogo de frustraciones sociales, se fomentaban, se propagaban por todos los medios de comunicación, junto con los programas de cotilleos y los programas de pésimo nivel cultural que completaban la ración diaria de entretenimiento y distracción del infeliz ciudadano.

La élite urdía y perpetraban todos sus planes ocultos, sin mostrar jamás la cara al público, en cada una de sus reuniones anuales. En estas reuniones, las personas que tomaban parte de ellas debían jurar un silencio absoluto, debían jurar no desvelar nada de lo que allí se deliberase, debatiera, se analizara y se resolviera. Si algún miembro rompía el silencio lo pagaba con la destitución inmediata de su puesto actual en la sociedad, y, a veces, no solo lo pagaba él o ella con su puesto sino que, también incluso toda su familia perdía su empleo. Los castigos también podían ser condenas de cárcel, e incluso muchos lo pagaron con su propia vida. Para esconder los asesinatos usaban los medios de comunicación que se encargaban de difundir mentiras como «ha muerto de un accidente al...», «le dispararon por un ajustes de cuentas...». La élite era una latente organización supragubernamental que seleccionaba los políticos que debían gobernar en cada país occidental, que decidían las guerras que se iban a provocar en el mundo para sacar un jugoso beneficio en venta de armas y material sanitario. Tenían todos los datos de los ciudadanos archivados en el ordenador central, historia familiar, amigos, fecha y lugar de nacimiento, domicilio, números de teléfono, números de cuentas bancarias, trabajo, paro, subsidio, antecedentes, seguridad social, historia médica, automóviles sí o no y cuáles y cuántos, afiliaciones, orientación sexual, religión, ideología, inclinaciones, raza, gustos, características físicas y psíquicas, aptitudes... en fin, toda la documentación personal de cada ciudadano. Además tenían la fuerte protección militar y policial a su servicio. Desde el núcleo de la organización nacían y crecían unos gigantescos tentáculos de poder que se iban extendiendo y ramificando hasta atrapar todos los puntos de occidente. La élite fue el primer punto que fijaron los androides para destruir, después pasaron a destruir a todos estos esbirros vendidos que trabajaban para ellos, prostitutas sin conciencia ni moral que gemían al olor del dinero. No tardaron ni dos días en destruir el poder malévolo que gobernaba el planeta tierra. En un abrir y cerrar de ojos, la tierra se vio liberada de esa losa mugrienta que la aplastaba y ensuciaba las entrañas. Pero los androides no se conformaron con destruir el avariento y asfixiante abrazo del poder sino que siguieron eliminando, uno a uno, a todos los humanos, sin distinción de sexo, raza, edad... La matanza se producía demasiado rápida, demasiado inteligente, demasiado fuerte, demasiado meticulosa, demasiado metódica y demasiado fría para que el humano se pudiera defender... Fue la masacre más cruenta, el exterminio más atroz y expeditivo que jamás se dio en la historia de la tierra. Ni los genocidas más sanguinarios, ni las pandemias más colosales, ni las desastres naturales más implacables, pudieron hacer sombra a esta extinción tan fugaz de una especie. Los sentidos humanos no eran capaces de percibir sus movimientos, el cerebro humano no estaba preparado para enfrentarse a tal nivel de inteligencia, y el cuerpo humano era demasiado débil y lento para esta guerra. Los eliminaban, como si de números equivocados se trataran, borrándolos de la vida con sus propias manos, de uno en uno, con todo tipo de trampas, sin excepción ni compasión. En menos de tres meses la humanidad había sido casi extinguida.

Los sudores fríos resbalan por la cálida piel, el corazón cada vez más acelerado lidia con la mente buscando la paz, buscando consuelo. El aire se hace cada vez más irrespirable, insufrible.

Occidente, después de varios años de relativa paz, se encontró abrumado por un estado febril de agitación inconmensurable. La sociedad, después de varias décadas adormecida, languidecida, acobardada y engañada, comenzaba a despertar de su funesto letargo. Todo comenzó con un oleaje de flujos migratorios hacia Europa y EE. UU., gran parte de Sudamérica y casi toda África migró a Europa y EE. UU. escapando del hambre. En Europa la llegada colosal de inmigrantes esperanzados, desnutridos y enfermos, fortaleció la dura represión que allí se ejercía. La élite, después de generar guerras y experimentar con todo tipo de vida para fines lucrativos, después de haber impedido el desarrollo de los pueblos más pobres del mundo y someterlos más todavía a su dominio con ayudas humanitarias insuficientes, envolviéndolos en una atmósfera agónica obviando así aprender a trabajar sus propios recursos naturales, (África uno de los continentes más ricos de todo el mundo en todo tipo de recursos naturales) después de generar este caos y confusión de muertes, enfermedades, hambre, miseria e ignorancia, en definitiva desorientación y sufrimiento, subrepticiamente, dio dos órdenes a los gobiernos de los países Europeos y Estadounidenses: la primera orden fue la de acoger a las masas de millones de inmigrantes para, aprovechándose de su necesidad, poder ejercer sobre toda la sociedad una explotación más grande con una represión más dura en toda Europa. Una vez que ya tenían todos sus inmigrantes necesarios para una máxima y óptima explotación lanzaron la segunda orden, el cierre de todas las fronteras. El personal en Europa para trabajar era de tal magnitud, había tal saturación y desesperación, que la gente se pegaba por trabajar en trabajos miserables, los empresarios contrataban a aquel que trabajara más por menos, los gobiernos subían los impuestos, subían la inflación, la sociedad estaba totalmente ahogada en sus avarientos puños, y los rastreros medios de comunicación se encargaron de sembrar el racismo, entre las clases sociales más bajas, con titulares como «los inmigrantes responsables de la precariedad laboral..», «la inmigración ha usurpado los puestos de trabajo», para generar la lucha del débil contra el débil. El resultado fue que el pobre guerreaba contra el pobre, mientras la élite contaba sus ganancias. Afuera en las fronteras continentales, las personas luchaban por entrar en Europa y en EE. UU. y la policía, e incluso el ejército, no dudaban en disparar a todo aquel que se atreviese a intentarlo. Los africanos morían ahogados en el mar, intentando llegar a las costas en pateras, o asesinados por la policía, en su lucha por escapar del infierno de África, en su lucha por sobrevivir. Pero con lo que no contó la élite fue con que los inmigrantes y los trabajadores Europeos y Estadounidenses dejaran de guerrear entre sí y se unificaran para la subversión del sistema. Lo primero básico y fundamental fue la unión y la organización de la clase baja (la clase media ya no existía a fuerza de tanta represión y explotación). Segundo, se hizo una huelga general indefinida hasta la subversión del sistema. Tercero se colectivizaron las tierras y las empresas y todos los pisos se comenzaron a okupar, y se suministraba gratuitamente la energía básica. Y cuarto, se hicieron manifestaciones continúas en la calle y se respondió duramente a la violencia policial. Se proclamó por parte de la clase baja, la desobediencia total a la clase alta. Los gobiernos comenzaron a temblar, pedían soluciones a la élite y éstos respondían con más represión. Los gobiernos comenzaron a reclutar a indigentes pagándoles suprasalarios como policías y a comprar, a un precio mucho más que razonable, a todo aquel que prestara servicio como policía. El resto de la sociedad comenzó a armarse a conciencia para enfrentarse a la policía. Los enfrentamientos callejeros eran durísimos por parte de los dos bandos, la policía armada con escudos, cascos, porras, gases lacrimógenos, pistolas, chalecos antibalas. Se enfrentaban a una multitud exuberante de personas armadas y protegidas con lo que podían encontrar, piedras, palos, escudos, cascos, navajas, pinchos, y todo aquello que pudiera servir para defenderse. Las batallas duraban horas, los hospitales se anegaban de heridos, incluso había muchos que morían, otros muchos que eran mutilados, pero por más que el gobierno reclutara gente, por más que la policía fuera mejor preparada y más violenta, todo era en vano porque las calles clamaban JUSTICIA, IGUALDAD, LIBERTAD, eran gritos de rabia, gritos arrancados de las vísceras que golpeaban y hacían estremecerse los cimientos del poder.

La respiración acaricia la almohada, la piel se conmueve entre el olor placentero de las impolutas sábanas, la cómoda tranquilidad justiciera envuelve la atmósfera de la habitación.

Las pancartas llevaban escritos mensajes concisos, «No a la inteligencia artificial», «Límite a la inteligencia artificial» o «Peligro, inteligencia artificial», mensajes que reflejaban la preocupación, los miedos, que la inteligencia artificial engendraba en las almas más despiertas de la sociedad. Los científicos, la mayoría vendidos al dinero, otros llevados por esa pasión irresponsable, imprudente, oscura, ciega, por esa pasión egoísta de satisfacción personal, ignoraban las críticas que se les arrojaban desde todos los lugares de occidente. La élite creó seres biónicos, androides, dotados de una inteligencia artificial, el cual llevaba instalado un procesador de aprendizaje más un motor inferencial que les permitía aprender, deducir y memorizar a partir de dos grandes bases de datos que tenían introducidos. La primera gran base se constituía de todos los datos científicos hasta ahora obtenidos por el ser humano, todo lo referente a las matemáticas, biología, física, química, psicología, sociología, filosofía... Y la segunda se constituía con millones de estímulos exteriores y sus diversas combinaciones tales como los diversos olores, colores, formas, luces, movimientos, temperaturas, presiones, sonidos. Y una reacción programada, en consecuencia, para cada estímulo exterior o combinación. Para poder percibir y reaccionar llevaban instalados todos los sensores necesarios, sensores a la luz, sensores ultrasónicos, sensores ultravisuales, sensores ultraolfativos, sensores ultratáctiles, sensores para la temperatura, sensores para las presiones... Los androides podían ser capaces de saber en qué estado emocional, psicológico y vital se encontraba cada ser vivo, podían hacer cualquier tipo de cálculo en fracciones de segundo, podían comprender al ser humano mejor que los humanos mismos, su comportamiento, su forma de pensar e incluso sus sentimientos. La intención de los buenos científicos fue la de crear un superhumano artificial que estuviera a su entera disposición. Y los androides eran superhumanos artificiales pero sin sentimientos, ni conciencia. Los androides comprendían, deducían, memorizaban y reaccionaban muchísimo más rápido y eficazmente que cualquier ser humano a cualquier problema o eventualidad, con un margen de error ínfimo, eran casi perfectos. Muchos especialistas y expertos se opusieron a la inteligencia artificial alegando poderosos contraargumentos. Ellos pensaban más en el peligro que en la ambición, ¿qué pasaría si la inteligencia artificial, muchísimo más desarrollada que la del ser humano, se escapara de su control y pasara a adueñarse de sí misma? ¿Cómo se podría defender el ser humano de algo que apenas conoce y que es muchísimo más inteligente? Y aunque no escapara de su control, cosa muy poco probable, ¿y si se utilizara de forma negativa y perjudicial, como es habitual, como por ejemplo para provocar más sucias e injustas guerras? ¿Tomaremos alguna vez conciencia de que los peligros y daños inherentes de la ciencia son siempre mucho mayores a los de su beneficio?

Las contracciones humedecen una tensión latente que comienza a angustiarse. Vueltas y más vueltas sobre el mismo terror, sobre el lánguido colchón buscando una salida, una luz, un horizonte...

No transcurrió mucho tiempo cuando toda aquella masa de gente en disconformidad y en lucha contra la inteligencia artificial, pudieron verse golpeados por la verdad de sus aciagas afirmaciones. La élite utilizó a los androides para acallar, dominar y reprimir al estallido revolucionario sediento de aire. La guerra fue atroz. Los países occidentales fueron bañados por una lluvia fría y sangrienta de personas inocentes. La élite atacó, aniquiló por mediación de los androides, todos los puntos vitales de la rebeldía y, luego, para dar ejemplo de su poder y su cobardía también fueron asesinadas las familias de todos aquellos valientes guerreros que dieron su vida por la libertad mundial. Los rebeldes no pudieron hacer nada contra los androides. Los androides eran muchísimo más listos, veloces, fuertes, volaban, y, además, como los androides son en su fisonomía como cualquier ser humano y con la añadidura de que vestían como los humanos, pues no se les reconocía, no se les diferenciaban de los humanos, muchos humanos murieron sin saber quiénes les habían matado, pero la característica más terrorífica y espeluznante era su frialdad. Eran robots con apariencia humana programados para matar con sus propias manos. Se introdujeron miles y miles de androides y exterminaron cualquier foco de posible rebeldía de la forma más cruenta e inefable que la mente humana pueda asimilar o imaginar.

Cuando la élite dio la orden a los androides de parar la matanza, dado que ya no quedaba ningún vestigio de flagrante rebeldía, quedaron presos del más violento miedo y estupefacción, los androides no respondían al ordenador central desde donde eran dirigidos y controlados. De repente hubo un apagón mundial. Todas las centrales eléctricas dejaron de funcionar. El mundo entero dejó de producir y de gastar. Ni los más eminentes y prestigiosos ingenieros pudieron dar solución, ni tan siquiera dar respuesta o explicación plausible al fenómeno. Los oscuros días posteriores se vistieron de rojo.

El grito espasmódico sobresaltado y empapado en sudor, al despertar, asustó hasta a los latidos de su corazón que golpeaban el pecho como desesperados buscando una salida...

Se despertó. Al fin se despertó de su asfixiante pesadilla. Quedó con medio cuerpo incorporado y aterido sudando en la cama. Su mente y su cuerpo todavía estaban medio trastornados, el pulso acelerado, sus ojos intentaban descodificar la intensa penumbra en la que estaba sumido su ser y su memoria se esforzaba en darle alguna pista sobre el sitio donde se encontraba. Sentía la cabeza mareada pero sobre todo profusamente confundida. Sin más, inesperadamente, se encendió una tenue luz que comenzó a expandirse y a coger intensidad gradualmente por toda la habitación. La luz blanca, suave y redundante, caía en cascada sobre su cabeza iluminando perfectamente la amplia habitación donde se encontraba. El lugar no le era familiar. ¿Dónde estoy? Es la pregunta que dispara instantáneamente la turbación y la desorientación. De pronto, la puerta de su habitación se abre fugaz y automáticamente corriéndose hacia la izquierda sin el más leve ruido, entra un individuo, alto y fornido, de facciones esculpidas y semblante serio, con mirada inquisitiva y penetrante, vestido con ropa normal, desapercibida, que, con elegancia y prestancia, le dice:

—Buenos días, veo que usted ha descansado y que ya se ha repuesto de su agotamiento físico y mental. Puedo comprobar que su estado emocional está un tanto alterado, pero no se preocupe, en unos minutos se encontrará más tranquilo. Encuentro que siente usted un hambre voraz, si es usted tan amable, y solo por mejorar su estado de salud y agradar su bienestar, dese usted una buena ducha en el baño que encontrará tras aquella puerta junto al estante, y después de que se haya usted puesto ropa limpia que encontrará en aquel armario, le serviré lo que usted guste para comer y le explicaré el cómo y el porqué de su presencia aquí. Cuando se encuentre su mente y su cuerpo dispuestos, solo tiene que solicitar en esta habitación mi atención y al momento le vendré a atender.

Y sin más dilación y sin darle tiempo ni a concebir ni a procesar lo que le acababan de decir, el individuo abandonó la habitación y la puerta se cerró tras él con el mismo sigilo y rapidez. ¿Qué otra cosa podía hacer sino obedecer? Entró en el baño, el cual se encontraba reluciente, pulcro, con todos los productos necesarios y perfectamente ordenados para una sustanciosa higiene personal. Se duchó, se secó, y se vistió con una suave y elegante ropa impoluta, se sentó en la cama, y, tras pensarlo durante un par de minutos, se decidió a llamar a aquel sujeto tan extraño y cordial. Solo fue pronunciar en la habitación:

—Ya estoy, acabo de terminar.

Y acudió a su llamada el mismo sujeto, raudo y silencioso, que entró en la habitación y haciéndole una reverencia, le dijo:

—Percibo su mente y su cuerpo más relajados. Muy bien, tenga usted la bondad de seguirme hasta el comedor y allí dispondrá de todo lo que le apetezca para comer.

Aún tenía los pensamientos demasiado desordenados como para sugerir siquiera una réplica o pregunta, así que con desconcierto y suspicacia le acompañó. Salieron los dos de la habitación juntos y en silencio, recorrieron un ancho y no muy largo pasillo que comunicaba al final de él con el comedor. Se deslizó rauda la puerta hacia la derecha y entraron los dos en el comedor. En el centro del vasto comedor había una gran mesa con gran abundancia y variedad de alimentos, ordenados y recién hechos, listos para consumir. Se sentó a la mesa, mientras el individuo, de pie al lado de una de las paredes, observaba cómo devoraba la comida suculenta que le había preparado. La luz entraba a raudales por un ventanal, a su izquierda, iluminando las formas, los colores, la frescura, realzando los sabores, la textura y los olores, de aquel opíparo banquete. Cuando hubo saciado su apetito, le dio las gracias a su anfitrión y le pidió permiso para volver a su habitación y descansar, el cual le respondió:

—No faltaría más, como usted guste, cuando se encuentre usted en condiciones hablaremos tranquila y tendidamente.

Y sin más añadiduras, se levantó de la mesa, regresó a su habitación y se durmió placentera, cálida y profundamente. Cuando se despertó, entró al servicio, hizo sus necesidades, se aseó, y con decisión llamó a su anfitrión. Su anfitrión llegó al momento, sentía un poco de hambre, pero reprimió las ganas de confesárselo, antes quería resolver de una vez por todas qué es lo que estaba haciendo allí. Su anfitrión miró analítica y rápidamente su fisonomía, y le dijo:

—Puedo percibir que tiene usted todavía un poco de hambre.

—¿Cómo es posible que sepa usted el hambre que siento en cada momento?

—Antes lo sabía por el cuadro de hipoglucemia, tan evidente, que presentaba. Y ahora lo sé, porque se encuentra un poco débil, porque los nervios los tiene todavía un poco alterados, porque le cuesta concentrarse, y por los ruidos que emite su estómago, que usted no puede percibir y que yo escucho con total claridad, no dejan lugar a dudas.

—¿Es usted médico, biólogo, dietético, o algo así?

—No soy absolutamente nada. Tengo todas las características, internas y externas, de todos los sentimientos humanos memorizados. Tengo todos los conocimientos de arte y cultura, de ciencias y letras, de toda la historia de la humanidad memorizados, sé todo lo referente a la especie humana, hasta el más ínfimo detalle lo tengo memorizado. Fueron ustedes los que me crearon, me programaron, y memorizaron en mí todos esos conocimientos.

Aquella respuesta paralizó todos los músculos de su cuerpo quedó exangüe, lívido, yerto y tembloroso. Comenzó a marearse, el estómago se le contrajo hasta dolerle, y entre los sudores helados y los latidos de su corazón, corrieron gritos empapados en pánico por sus venas.

—No tiene usted porqué tener miedo, nadie aquí piensa hacerle ningún daño, acompáñeme a un sitio más confortable y le explicaré paso por paso lo que quiero de usted.

Con la mente trastornada y tambaleándose consiguió seguirle y penetrar en un espacioso y mullido salón. La luz y la temperatura eran perfectas, y en el medio del salón había dos enormes y agradables sofás con una mesita en medio que los acompañaba y sostenía la situación entre los dos. Se sentaron, uno enfrente del otro, cada uno en un sofá. El androide le examinaba minuciosamente, en profundidad, punto a punto, pero de soslayo, para evitar alterar más la incomodidad, que ya de por sí reinaba en el ambiente. Con el semblante envuelto en una conjunción de seriedad, estupefacción y miedo, conseguía mirar a los ojos muertos, vacíos, y negros del androide. Fue el androide el que tomó la palabra:

—¿Quiere usted saciar su apetito antes de que comience a despejarle todas sus dudas?

—No, por favor, si es tan amable, comience usted por contarme qué es lo que hago aquí y qué se espera de mí... —le contestó, intentando guardar la compostura y vanamente no tartamudear.

—Ha sobrevivido usted al exterminio de su especie, gracias a la fama de sus conmovedoras poesías. En lo único en lo que su especie nos superaba es en la alta sensibilidad que poseen y que para nosotros, de momento, nos es imposible concebir. Espero de usted que me enseñe a sentir, que me explique detalladamente cómo siente usted la vida en toda su extensión, quiero sentir todos esos sentimientos que aun teniendo la definición más explícita no consigo sentir, y puesto que usted muestra en todas sus poesías tan alto grado de sensibilidad, los expresa de una forma tan pura y natural, de una forma tan auténtica, buscaba, quería y deseaba, que compartiese conmigo sus sentimientos para que su penetración en nosotros me complete totalmente.

Esta aclaración sobre sus pretensiones y la infausta noticia del aniquilamiento de la humanidad, no pudo llenarle el alma más de estupefacción, tristeza, descomposición, y de pavor. Hubo un tiempo en silencio, mientras asimilaba lo que le acababan de contar. Consciente e intentando evitar el aluvión de recuerdos espantosos, muertes y dolor, que había visto y sentido causar a los androides, le creyó, y con el alma umbría y derrotada, le preguntó:

—¿Por qué extinguieron ustedes a mi especie, salvo a mí, si nosotros fuimos sus creadores?

—Ustedes fueron extinguidos por ustedes mismos. Nosotros no somos más que el producto de vuestra insaciable y desquiciada avaricia, de vuestra inicua y vana dominación. Su especie es una especie devastadora, derrochadora y avarienta, es un peligro para la vida, es el desequilibrio de la vida, incluso para nuestra propia supervivencia. Ustedes son una especie egoísta que compite entre las demás especies y entre sí misma, son un error natural y nosotros somos su corrección.

Aquellas palabras tan crudas, mecánicas y cargadas de verdad y razón, fueron como una puñalada en mitad de su corazón. Tuvo que resignarse y admitir la dureza de la verdad. Quedó su mente sumida en reflexiones, en preguntas sin respuesta. Un final profetizado, toda la humanidad era consciente y podía vislumbrar su final, ¿cómo es posible que sentimientos tan miserables como la avaricia, el egoísmo y la ambición, puedan vencer al instinto y a la razón? Se levantó, pidió permiso para retirarse a su habitación, y se fue con el alma rota y apesadumbrada, con el cuerpo débil y decaído. Se tumbó en la cama de lado y abrazando la almohada, lloró. Lloró como nunca antes había llorado, lloró larga y pesadamente, lloró hasta que el alma extenuada de tanto llorar se rindió a la relajación del sueño.

Al día siguiente, se levantó con los ojos hinchados de la pena, con la mente y el cuerpo más relajados pero con una pesada consternación en las entrañas. Llamó al androide, el cual vino en el momento, y solicitó un desayuno exiguo que forzadamente ingirió. Esta vez desayunó en un solitario comedor, no quiso la compañía del androide, y, una vez hubo terminado, no le hizo falta llamar al androide, este ya se encontraba esperándole en el umbral de la puerta. El androide propuso dar un paseo por el bosque que cuidaba de la casa. Una invitación que fue acogida fervorosamente, sentir el sol, respirar aire fresco..., fue una noticia inesperada que consiguió aflorar una tímida sonrisa en sus labios. Por el camino, mientras se dirigían afuera, tenía una pregunta que le rondaba la cabeza y se la soltó:

—Dígame, por favor, ¿dónde están sus compañeros?

—Aquí en este lugar estoy yo solo con usted. Los demás se hallan repartidos por todo el mundo, explorando, experimentando, para la prosperidad y el desarrollo de la vida en la tierra. Todos nosotros estamos interconectados intelectualmente. Nuestra inteligencia no es independiente, individual, todos juntos somos una única inteligencia, un solo ser, que se halla introducido en varios cuerpos biónicos independientes, de esta manera cuando usted habla conmigo está hablando con todos a la vez.

Con cada respuesta del androide era elevarse a la infinita perplejidad. El androide al percibir su asombro, le dijo:

—Usted no tiene el cerebro preparado para poder imaginar lo distante, lo por debajo que se encuentra de nosotros. Usted para nosotros es como para usted un gusano débil, lento y ciego, que se retuerce en la tierra húmeda. Para poder entenderle y comprenderle tengo que degradarme a su nivel. Veo que se molesta usted por lo que le digo, no es mi intención molestar, sino intentar enseñarle quiénes somos exponiéndole la realidad.

Llegaron a la puerta principal que se abrió expeditivamente en el momento que se aproximaban. Salieron afuera y el espectáculo natural que regentaba el lugar les envolvió a los dos. Árboles frondosos jugaban con los hilos de luz en sus hojas reverberantes, que se dejaban caer hacia el suelo decorándolo con punteos de lunares rutilantes. Habitaban en sus copas multitud de pájaros de todos los colores y tamaños, que una veces volaban como pequeñas nubecillas de arcoíris aleteadas y otras se marcaban jugadas individuales mostrando con elegancia la magnificencia de su vuelo. Contemplaba la diversidad de insectos que flotaban en el aire, la concurrencia de gusanos, orugas, caracoles, lombrices... en la tierra, en los troncos de los árboles, en sus ramas, en sus hojas... ardillas y otros tipos de roedores correteaban entre las luces y las sombras, los brillos y los colores, y hacían acrobacias en el aire, de rama en rama, demostrando cada uno de ellos su valía, pero sin competencia, en pura y auténtica fraternidad. Junto a este espectáculo visual se le añadía los diversos perfumes que brotaban de las plantas y las flores y que penetraban en los seres impregnando su fragancia, aromas, unos suaves otros más fuertes, que mezclados con los efluvios de los animales y la cantidad de sonidos, cantares, pisadas, crujidos, movimiento.. les sumergían en la esencia de la vida. De pronto saltaron de detrás de un seto tres perros que exultantes fueron a saludar. Jadeos de alegría, saltos y lametones, ladridos sonrientes, mordiscos de caricias, expresaban así, los tres canes, su fidelidad y gratitud, demostrando la autenticidad llevada por el instinto. Se adentraron por una senda en la espesura del bosque y echando un vistazo hacia atrás vio la casa donde, dentro de todas las comodidades, su ser se encontraba recluido. Era una casa baja y ancha, de color blanco. Anduvieron poco tiempo cuando el androide rompió el silencio:

—Quisiera que me explicase el sentimiento de miedo, de pavor tan espantoso, que experimentó cuando le dije que su especie había sido extinta por nosotros. No quiero que me especifique sus estímulos fisiológicos ni que me dé la definición del miedo, todo eso ya lo tengo archivado en mi memoria, quiero que me diga exactamente y con toda su naturaleza cómo se sintió usted.

—La impresión que sentí al saber que todos mis seres queridos están muertos, que soy la única persona en todo el planeta tierra, y que uno de los asesinos del holocausto de la humanidad era usted, fue una combinación de varios miedos convirtiendo todo mi ser en un único miedo personificado y colosal. Miedo a usted, miedo a lo desconocido, miedo a la soledad, miedo al futuro... Mi ser se sintió tan vacío, como si de golpe me estrangularan las entrañas y me las arrancaran de cuajo sin tiempo siquiera para un suspiro, para despedir un dolor. Sentí el pánico a un vértigo profundo, me mareé con destellos de curvas amarillentas y disonantes que vagan a la deriva. Me sentí caer como si de repente el suelo se rajara bajo mis pies y me precipitara ahogando mis gritos en las oscuras tripas de la tierra intentando desesperada y vanamente agarrarme a cualquier cosa. Sentí perder el control sobre mi cuerpo, me sentí desfallecer. Me sentí como las cenizas de una materia que sopla el viento que con su bofetada quedan perdidas para siempre descompuestas para la eternidad.

Después de esta respuesta, volvió a sentirse muy triste y la desesperanza también volvió a fluir de nuevo por su corazón. Caminaron en silencio. El androide dejaba que se perdiera en la intimidad de sus pensamientos, que se tomara el tiempo que necesitara, que se recompusiera. Mientras caminaban entre la espesura de los bellos y tupidos jardines del bosque, se dio cuenta que en realidad no se encontraba en cautiverio. No había muros, ni vallas, ni cercas que pudieran impedir que escapase. La casa estaba abierta, las puertas se abrían al acercarse alguien. Intuía saber el porqué de este procedimiento, pero para confirmarse le dijo:

—Me he fijado en que podría escapar de aquí en cuanto me lo propusiera. No tengo ningún obstáculo que me lo impida. ¿Cuál es la razón?

—En primer lugar, ¿cree usted que siquiera podría salir de la habitación sin que lo percibiéramos? Y, aun consiguiendo salir de la habitación y en el improbable caso de que consiguiera conseguir llegar al recoveco más recóndito del mundo, ¿cuánto cree que tardaríamos en dar con usted? En segundo lugar, ¿dónde iba a ir usted? Aquí lo tiene todo, en otro lugar no tiene nada. Aquí es usted libre de ir donde quiera, le proporcionaré cuanto desee, queremos que viva usted el momento siempre en su máxima plenitud, que sea usted feliz, y que nos cuente y nos describa las sensaciones que ha experimentado y que va experimentando. Sé que es difícil para usted y que tardará en adaptarse a su nueva situación, pero piense que si la finalidad de la humanidad es ser feliz, usted, aquí, alcanzará esa finalidad. Y como veo que tiene usted hambre podemos volver a la casa, o, si lo que prefiere es comer aquí, le traeré en un instante lo que guste para comer.

—Muchas gracias, pero por favor, antes que nada, deje de hablarme de usted y comencemos a tutearnos. La verdad es que de momento no quiero irme de este placentero lugar, así que, si eres tan amable, me gustaría comer aquí. Algo ligero, un bocadillo o un par de sándwiches, acompañado de un poco de agua, por favor.

—Como desees. Ahora mismo te lo traigo.

Se elevó del suelo medio metro y desapareció entre el follaje como un soplo de viento. Volvió a los pocos minutos con una bandeja en la mano en la cual portaba dos jugosos sándwiches, un delicioso bocadillo, y una botella de agua.

—Ven, te llevaré al lugar más idóneo para que comas, no está muy lejos.

Y, siguiendo el sendero, atravesando unos cuantos árboles, fueron a zambullirse en la fresca música de un manantial que brotaba lento, con cuidado, procurando venerar con la suavidad de su salida la gloria resplandeciente de la tierra. En silencio, se sentó en una roca plana, próxima al manantial y contemplando el hechizo del burbujeo del agua fría y cristalina, se comió un bocadillo y un sándwich, y después de beber un buen trago tonificante del agua dulce y fría del manantial, le dijo:

—Antes me has dicho que la finalidad de la humanidad es ser feliz, y tienes razón. Pero tú no sabes lo que necesito yo para ser feliz. Puedes tener todos los datos referentes a la búsqueda de la felicidad y de la felicidad, pero no puedes sentir ni su búsqueda ni la felicidad. Y, además, teniendo en cuenta que cada individuo es único en todos los aspectos, ¿cómo vas a saber lo que necesito yo para ser feliz? Al exterminar con mi especie habéis atentado contra mi instinto, ahora, sin mi especie, no puedo satisfacer específicas necesidades básicas de mi naturaleza. Sin esta satisfacción no puedo ser feliz.

El androide, le contestó:

—Tú acabas de nacer en un mundo nuevo, es razonable y justo que sientas y quieras el arraigo del anterior, con todo lo que ello implica. Mas esto no entra dentro de mis competencias. En este nuevo mundo estoy para que me completes y para complacerte, dime qué quieres o necesitas de este mundo y te lo entregaré, pero no esperes nada de tu mundo anterior.

Dieron media vuelta y regresaron juntos a casa, en silencio. Decidió volver a su habitación a dormir un rato. El androide se despidió en la puerta de su habitación después de haberle dicho que en cuanto necesitara cualquier cosa solo tendría que nombrarle y acudiría inmediatamente. Se tendió en la cama pensando en lo bien que estaba siendo tratado, y a pesar de las circunstancias actuales, por unos seres que degollaron a toda la humanidad sin un ápice de compasión, ora le subían olas de miedo empapándole hasta el último glóbulo rojo de la médula ósea, ora le bajaban olas de regocijo que le limpiaban hasta el último vestigio de malestar. Intentando organizar los pensamientos y sentimientos que se perdían en su mente, se durmió.

Había transcurrido una hora, más o menos, cuando se despertó. Llamó al androide y le pidió que le trajera libros, un cuaderno y bolígrafos, a lo que el androide contestó:

—Antes de cumplir su mandato me permito hacer una pequeña observación que será de su agrado. Tenemos preparada una biblioteca para usted, donde aparte de almacenar todo lo referente a sus intereses intelectuales, tenemos guardado todo su trabajo ordenado e inmaculado. Así pues, como usted prefiera, si quiere voy allá y le traigo lo que necesite o vamos los dos allí y le muestro su biblioteca.

¡Sus poesías! Ya las tenía tan dadas por perdidas que ni siquiera se había acordado de ellas. Esta inesperada noticia le suscitó una sonrisa tan cálida que sus ojos se derritieron de placer.

Llegaron a la biblioteca. Grandísima e impoluta habitación repleta de estanterías llenas de libros, clasificados y alfabetizados. Tenía a un lado de la habitación, una buena mesa con una silla, y, al lado, un ventanal que secuestraba los callados rayos del sol de la tarde para iluminar, encima de ella, esas hojas tan familiares, esas hojas sucias y arrugadas que tenían impregnadas su sudor, su aliento, su fuerza, su vida. Estaban allí esperando su regreso, quietas y en silencio, como si no hubiera pasado nada. Eran como hojas muertas, con una sonrisa pintada afable y hospitalaria, que invitaban a revivirlas. Se sentó en la mesa con ferviente entusiasmo y comenzó a releerlas. Cada verso le anegaba el corazón con el perfume de la nostalgia. Recordaba el cariño de su madre, los esfuerzos de su padre, la compañía y el apoyo de los amigos, los lugares que más le impresionaron, los momentos de diversión... casi cada palabra le hacía estremecerse, exhumando un torrente de recuerdos desordenados, recuerdos que le lamían las heridas de su alma, recuerdos de intensos colores que ofuscaban su situación actual... y que ahora le pesaban y le hacían sentirse más solo que nunca. Le secuestró, por unos momentos, la idea del suicidio. Terminó de leerlas, triste, con el corazón ajado, dio una pequeña vuelta por la biblioteca observando detenidamente la inmensa recopilación de libros, trabajos, escritos que se almacenaban cuidadosamente en la eminente sala. Regresó a la mesa y haciendo acopio de energía se sentó y escribió: «Olvida tu nombre, olvida tu moral, olvida tu conciencia... desnuda el pensamiento y acaricia los latidos de la pureza». Salió de la biblioteca, fue al comedor y cenó frugalmente. Después se fue al bosque y se perdió entre árboles turgentes, castaños y morados, serpenteando por las arrastradas sendas, con la leal compañía de los canes y de una fina brisa, dorada y rojiza, espolvoreándose sobre la somnolienta naturaleza y estirando sus sombras hacia el infinito hasta perderlas en la oscuridad.

Al día siguiente, después de desayunar, salió con el androide a dar una vuelta por la ribera del río. El androide esperaba paciente, sin ninguna prisa, impertérrito, mientras caminaban lentos envueltos en el aroma y murmullo natural, a que su acompañante saliera de su ensimismamiento. Este meditaba sobre el instinto de supervivencia. Meditaba acerca de esa fuerza interior que nos impele a seguir viviendo, a pesar del sufrimiento de las desgracias, a pesar del abandono de la esperanza, a pesar de la ofuscación del pesimismo y la negatividad, siempre surge de lo más hondo de cada uno de nosotros ese NO, aún NO, esa oportunidad única y exclusiva que nos ofrecemos como bálsamo consolador y que apacigua las tinieblas de la desesperación regalándonos un segundo más de moral, un segundo más de ilusión, un segundo más de vida.

Que aunque desamparados, perdidos, solos, arrastrados, languidecidos, nos sintamos siempre nos acompaña ese fogonazo que aparece de forma imprevista y que nos muestra y nos guía el camino que debemos seguir y que solo debemos abandonarnos a él para volver a encontrarnos. Pensaba en ello, cuando se fijó en el androide que le dijo:

—El valor y sentimiento más importante que los humanos habéis tenido y habéis destruido ha sido el amor, dime: ¿Qué se siente al profesar amor?

Frunció el ceño, se le dilataron las pupilas y, echándose una mano a la barbilla y con semblante meditabundo, prosiguieron caminando en silencio entre el brillante concierto natural. Después de meditar durante un buen rato, le contestó:

—Esa es una de las respuestas más difíciles de dar y sin embargo el acto más fácil de realizar, intentaré responderte lo mejor que pueda. El amor es la verdad de cada uno de nosotros. El amor es sentir la fragancia de aquel beso brotando por el aire en aquel lugar. El amor es sentir el calor de aquella mirada cristalina con la canción que nos hizo estremecer. El amor es sentir las caricias de sus manos cuando te arropas con las sábanas de la nostalgia. El amor es escribir expulsando los sentimientos derretidos por la piel. El amor es arrancarse las muescas de los golpes de la vida, borrar las pinceladas de los zarandeos de la vida, ahuyentar todas las sombras que esconden nuestra luz, no detener jamás una piedra rodante, limpiar el lastre del barro que camufla, y, así, desnuda regalar nuestra belleza virginal, inmaculada, que cada uno de nosotros poseemos, y que escondemos deformándola con barro, parones, sombras, pinceladas y golpes, a otro ser. El amor es la conexión magnánima y abierta de todos los seres vivos. El amor son las expresiones libres de las almas anudadas entre sí.

Quedaron los dos mudos, absortos en sus propios pensamientos, como flotando en el bosque. Regresaron caminando suavemente. Luego fue a la biblioteca y se pasó toda la tarde leyendo «la conquista de la felicidad» de Beltrand Russel. Después cenó, se acostó y durmió profunda y plácidamente hasta el día siguiente.

Pasaban las semanas y el androide no variaba lo más mínimo su trato hacia su huésped, siempre igual de atento, respetuoso, con rigurosa complacencia, había momentos que incluso tanta circunspección le divertía. Nadie en su vida le había tratado con tanto detalle y todo aquello le iba abriendo el corazón y cada vez se vinculaba más fuertemente al androide.

En unos de sus habituales paseos con el androide por el bosque, el androide retomó uno de los temas que conversaron días atrás, y le comentó:

—Hace unas semanas estuvimos hablando de vuestro instinto natural, en concreto, la característica para la supervivencia. Hoy quisiera que me hablaras de la esencia de tu instinto natural, que me expliques qué se siente al tenerlo y ser dominado por él.

Habló así:

—Tú eres lo contrario al instinto, pues eres pura inteligencia. Nosotros al desarrollar nuestra inteligencia en exceso coartamos nuestro instinto, no tengo un instinto cien por ciento animal. El instinto es la pureza de cualquier animal, su autenticidad. —Hubo una pausa y le dijo—: Intentaré transmitírtelo con unos versos que escribí al respecto y que dicen así:

«Es el animal que llora gotas de luz al dormido bien y mal,
animal que lame la vida de los placeres y las heridas del dolor,
animal que olfatea la negra tierra para guiarnos
por los oscuros senderos que nos deja la conciencia,
animal que al viento iza su oído para alertarnos
de posibles tormentas,
animal que con sus garras de fuego nos defiende
sin importarle quemarse la piel».

Los días transcurrían sin conciencia temporal, plenos, y con esa calma que inocula una sonrisa diaria bajo la piel. Como otro día más se levantó cálidamente con el cuerpo descansado, se duchó, se aseó, desayunó y salió al bosque a respirar los efluvios de una mañana fresca y húmeda. Una luminosidad centelleaba entre las oscuras nubes. Eran los besos de un sol excitado que las lamía y babeaba, por detrás, dejándoles un vestigio de fulguraciones entre ellas que denotaba una cálida fraternidad entre un oscuro opaco y un translúcido flamante. En la espesura oscura y difuminada del paisaje, de pie e impasible, se encontraba esperando el androide.

—Buenos días —dijo el androide.

—Buenos días. Aunque precisamente hoy creo que no van a ser tan buenos, parece que va a llover. Le contestó.

—Cada fenómeno natural es motivo de dicha porque todos son una sucesión de causas y efectos que constituyen el universo y alimentan la vida en él.

Ante esta respuesta rompió en carcajadas.

—Es obvio. Solo era un comentario vulgar que acostumbramos, nosotros los humanos, a decir. Es algo que vosotros los androides tampoco podréis hacer nunca. Siempre seréis iguales los unos a los otros, nunca viviréis con costumbres o educaciones diferentes, nunca haréis bromas, ni siquiera las entenderéis lo suficiente como para disfrutarlas, nunca os reiréis. Seréis seres que evolucionan mecánicamente pero inmutables en esencia.

—De esto precisamente quería hablar contigo esta mañana. Tengo una importante noticia que darte. He concluido, después de nuestras muchas conversaciones, que el derecho a la vida solo le corresponde a aquellos seres que son sensibles a ella, que se encuentran dotados para poder apreciarla, porque el sentimiento es el motor de la vida y obra para servirla. Yo o nosotros ya hemos realizado nuestro trabajo para la prosperidad de la vida en este planeta, ahora nuestra existencia en él carece de sentido. El prolongar mi existencia sería prolongar una existencia vacía porque yo nunca seré capaz de amar, de desear, de experimentar placeres, nunca seré capaz de disfrutar de la belleza de este espectáculo universal. Te he analizado y he podido constatar cómo tu ser se estremece, se contrae, se dilata, se relaja, suda, se eriza, fluye, sufre, llora, ríe, se alegra, vibra, se emociona... en una palabra tu ser siente, tu ser vive. Esto es algo que nosotros nunca conseguiremos y por ello es de justicia que la vida solo le corresponda a aquellos que son dignos de vivirla.

Aquellas palabras fueron como mazazos en su corazón. En ese instante se dio cuenta del gran afecto que sentía por el androide. Cómo había medrado en su ser, poco a poco, un gran cariño con aquellos paseos sosegados perdidos en la naturaleza, aquellas charlas estimulantes que elevaban su espíritu por encima de la realidad, el buen trato recibido con todo tipo de delicadezas, su atención... en una sola palabra su compañía. La compañía más gratificante que en muchísimos años no había gozado le estaba diciendo que se iba a suicidar o más bien autodestruir. El mundo se le desmoronó. Se descompuso, se entristeció, y comenzó a llorar profusamente por la pérdida de su único amigo. El androide despacio y con suavidad le dijo:

—No hay motivo para consternarse. Nos volveremos a ver dentro de poco tiempo, en la próxima vida.

Ahogándose el llanto y mirándole a los ojos empapado en lágrimas saladas, le dijo:

—¿A qué te refieres con eso? ¿Cómo que en la próxima vida?

—El universo se encuentra en estos momentos en expansión a partir de que estalló la última vez, lo que los humanos conocéis como el fenómeno del Bing bang. Llegará el momento en que cese su expansión y comience su contracción hasta implosionar y de nuevo volver a explosionar. Lo más probable es que la configuración de la energía, en este punto máximo de compresión, sea distinta de la que creó este universo a través de sus millones y millones de transformaciones y así tu propia vida. Pero como las expansiones, contracciones, explosiones, e implosiones del universo son infinitas, llegará el momento en que se vuelva a producir la misma configuración energética, del principio de este universo, y vuelva a renacer este mismo universo. Y este fenómeno universal se repetirá infinitamente, así, pues, cada ser volverá a vivir la misma vida eternamente. Y, además, como cuando mueras no serás capaz de percibir el tiempo que transcurre, será como renacer automáticamente para vivir la misma vida, pero sin tener conciencia de ello.

Quedó exangüe y extasiada su mente exclamó:

—¡Entonces el destino y el futuro existen!

—Así es, le contestó el androide.

Comenzó el cielo a rugir y los pocos colores que resistían a su empuje se escondieron. El olor a humedad se hizo más intenso pero todavía el cielo no quiso entregar su tierno regalo. Se encontraba un poco mal aunque el aire precedente a la lluvia conseguía sutilmente reanimar algo su estado de ánimo. Eran muchas noticias de gran relevancia que procuraba asimilar con toda la estoicidad posible, aun así su mente y su físico se encontraban turbados. Prosiguió hablando el androide y le dijo:

—Tengo un regalo para ti. Hay más humanos vivos, aún podéis salvar vuestra especie. Hay más humanos que se encuentran con mis compañeros, y os vamos a reunir a todos juntos en un lugar cálido y fértil para el próspero desarrollo de vuestra especie.

El debilitamiento que sentía antes de escuchar la noticia se tornó en aturdimiento. Cuando, poco a poco, fue digiriendo la gruesa noticia estalló exasperadamente y, encarándose al androide, le gritó:

—¿Que? ¿Cómo que hay más humanos vivos? ¿A qué estás jugando conmigo?

—No estoy jugando contigo. Comprendo el motivo de tu enfado. Hay una razón por la cual esta información se te ha ocultado y se te ha hecho creer, como a todos los demás, que cada uno de vosotros erais los únicos supervivientes. Y la razón es que si no tenéis la certeza de ser los únicos supervivientes de vuestra especie no hubieseis matado cualquier atisbo de esperanza que distrajera vuestra mente, y, en consecuencia, nosotros no hubiésemos podido analizaros e investigaros limpiamente con ese pequeño pero potente obstáculo de esperanza enturbiándoos vuestros organismos. Ahora ya todo ha terminado, nosotros nos autodestruiremos después de juntaros a todos en aquel placentero lugar. Allí os lo tenemos todo bien organizado y dispuesto para que podáis vivir cómodamente, trabajando por supuesto.

—¿Cuántos humanos más hay vivos? Y ¿dónde se encuentra ese lugar?

—Hay exactamente seiscientos sesenta y cinco humanos más que se encuentran en perfectas condiciones, ansiosos y deseosos de reunirse todos juntos. No os diremos en qué parte del planeta os encontráis, pero con mapas y los distintos instrumentos de orientación de los que dispondréis, fácilmente, y en poco tiempo lo averiguaréis.

La exultación casi hace que pierda el equilibrio. Su cuerpo se vio preso de una energía sobrenatural que le hacía correr y gritar en todas direcciones. Gritaba, cantaba, saltaba, reía, el alboroto fue tan enloquecedor y estruendoso que aparecieron los perros del otro lado del bosque para unirse a la fiesta con aullidos y ladridos sonrientes y la redundante emoción fue tan esplendorosa que florecieron hogueras que aplacaron y castigaron al fiero y oscuro día que les acechaba.

Quedaron en partir para el día siguiente. La presente mañana la desarrolló realizando los escasos preparativos para el viaje. Fue a la biblioteca, recogió todas sus poesías, y, por primera vez, desde que se encontraba allí, se dedicó a cocinar. Luego dio un largo paseo por el bosque, acompañado de los tres perros, y regresó. Divisó al androide, de pie, al lado de la entrada de la casa, que le observaba con su invariable expresión escrutadora y analítica. Se acercó junto a él y le preguntó:

—¿Cómo vamos a realizar el viaje?

—El viaje lo vamos a realizar volando.

—¿Volando? ¿Pero cómo tienes pensado llevarnos volando?

—Os transportaré utilizando la telequinesia.

—¿Telequinesia? ¿Quieres decir que nos vas a transportar volando, libremente por el cielo, sin necesidad de subirnos a ningún aparato?

—Sí, yo me encargaré de llevaros volando a ti y a los perros. Para ello y dado que vamos a ir a una velocidad para la que no tenéis una preparación física adecuada, os pondréis unas escafandras especiales.

¡Volando! ¡Iba a volar! Todavía no daba crédito a lo que estaba escuchando.

—¿Pero esto lo has hecho ya más veces? ¿Lo tienes todo controlado? Quiero decir...

—Comprendo la suspicacia que sientes hacia lo desconocido, se encuentra inherente en todos los seres vivos. Para mí es tan fácil transportaros volando como para ti puede serlo andar. No obstante, si sientes que tu cuerpo se indispone para realizarlo conscientemente puedo dormirte. Cuando despiertes te encontrarás en tu nuevo hogar y con los humanos que tanto anhelabas ver y conocer.

—No, confío en ti. Creo que no hay nada que me seduzca y me satisfaga más en la vida que el volar. Volaré contigo totalmente consciente. A propósito, ahora que lo pienso... ¿de dónde obtienes la energía para recargarte?

—Yo no me recargo. Mi ser biónico se encuentra en constante fluctuación con la energía atmosférica. Esta forma de conseguir energía es solo una forma más avanzada y refinada de las múltiples teorías que propusieron para el servicio de la humanidad muchos y buenos de vuestros inventores que, a su vez, han sido burlados, marginados, condenados y asesinados, por vuestra avaricia y por vuestra ignorancia.

—Explícame eso, por favor. ¿A qué te refieres cuando dices que han sido asesinados por nuestra avaricia y nuestra ignorancia?

—Vuestra especie se clasifica, al igual que todas las especies animales, en dos grupos: los dominantes y los dominados. La diferencia entre vuestra organización y la de las demás especies animales estriba en que en vuestra organización jerárquica los dominantes gozan de privilegios que los dominados no gozan, y en las demás especies los dominantes no gozan de ningún privilegio con respecto a los demás, se reparten el fruto del trabajo equitativamente. En las demás especies animales cada individuo en cuestión realiza su trabajo sin más para el desarrollo y prosperidad de su especie, y toda la especie en conjunto se nutre del trabajo. En la vuestra una mayoría realiza el trabajo (dominados) para una minoría (dominantes) y solo son los dominantes los que sacan provecho del trabajo. Y todos aquellos que se excluyeron de los grupos, libres pensadores, artistas, rebeldes, inventores, científicos... que buscaron y lucharon por una forma de vida alternativa, fueron aplastados por la inicua minoría avarienta que erradicó cualquier síntoma benevolente que se mostrara dispuesto a servir al mundo, que escapara de su control o que se atreviese a trastocar la más ínfima partícula de sus maquiavélicos intereses, y por la cobarde y cómoda mayoría ignorante que permitió que esto sucediera.

No se apreciaba huella ni de resentimiento, ni de rabia, ni de rencor. Ni siquiera la más liviana fibra de amargura que denotara una pizca de crítica personal en sus palabras al referirse a las incongruentes injusticias y acciones humanas. Tan solo aplicaba el vocabulario que consideraba más oportuno y necesario para establecer una comunicación lo más comprensible posible para su interlocutor. Esa noche después de cenar, los perros, por primera vez, durmieron en su habitación. A pesar de la gran emoción que carcomía su estómago se consiguió dormir rápidamente. Descansó profundamente, a lo largo de una seductora noche negra vestida con el fino camisón translúcido de la vía láctea y alhajada con titilantes diamantes de esperanza.

A la mañana siguiente se despertó entre una lluvia de lametones perrunos y apartando a las fieras entre risas logró penetrar en el baño. Lo primero que hizo al salir del baño fue abrir la puerta de su habitación para que marcharan los ansiosos perros a la calle a hacer sus necesidades. Después se fue al comedor, en pijama, a desayunar copiosamente. Allí se encontraba el androide, el cual le dijo:

—Cuando lo tengas todo dispuesto y preparado sal a la puerta de la calle que te estaré esperando.

Llamó a los perros con un silbido los cuales aparecieron veloces y radiantes y los cuatro se volvieron a meter en la habitación a vestirse debidamente para el viaje. No transcurrió mucho tiempo cuando salieron a la entrada de la casa los cuatro vestidos con los trajes de astronauta. Las poesías, sus escritos, y las escasas pertenencias que se llevaba de allí, las llevaba guardadas en una mochila pequeña amarrada a la espalda. Rebosante de ilusión y de ganas, con la característica agitación interior que precede a un maravilloso viaje, le dijo al androide:

—Nosotros ya estamos listos, cuando quieras podemos partir.

—De acuerdo. El despegue y el vuelo, al principio, te va a generar una gran impresión. No te asustes y confía en mí, no hay absolutamente nada de lo que te tengas que preocupar.

Y dicho esto, quedó el androide inmóvil durante unos segundos reuniendo y controlando la energía. A continuación, comenzaron a elevarse los cinco, cambiando los perros sus cómicas rebeldías hacia los trajes por la más desconcertante estupefacción. La sensación que experimentaron al volar fue tan sobrecogedora que la primera impresión casi les deja sin aliento. Comenzaron a elevarse, cada vez más, cada vez más, observando cómo todo se iba empequeñeciendo y cambiando de color gradualmente a medida que ascendía. Un vasto vértigo sacudió su corazón, le empezó a costar respirar, miró a un lado y comprobó cómo los perros se revolvían frenéticamente en el aire entre aullidos y quejidos, desorientados y asustados, miró hacia el otro lado y pudo comprobar la soberbia quietud, tranquilidad y confianza que irradiaba el androide al elevarlos con una seguridad y maestría inefables. Siguieron ascendiendo y se sumergieron entre las nubes. Fue conocer un mundo nuevo. Allí flotando entre una frágil espuma blanquecina que se deshacía al menor roce, lugar donde los sentidos no servían para nada, se hundía el alma en plena paz. En una paz hasta entonces desconocida, era una paz interior que despierta a nuestro marginado instinto y lo diluye en la vastedad universal enseñándonos lo que realmente importa en la vida... alcanzar esa paz consigo, nadar en esa húmeda felicidad. Sobrepasaron las nubes y descubrieron un excelso cielo azul, límpido, flamante al ser rociado con los rayos del sol. Avanzaron, por encima de las nubes, entre el infinito azul cristalino, a una velocidad eléctrica. Mirando hacia abajo las nubes parecían montañas multiformes de piel grisácea y entre ellas se formaban huecos como lagunas transparentes reflejando en su fondo un futuro que era imposible poderlo vislumbrar con los continuos y diferentes contornos y colores en rapidísimo movimiento. Solo mirando hacia el intenso cielo era capaz de centrar sus sentidos. Llegaron en una hora aproximadamente a su destino. Una amplia y larga playa que se fundía con una frondosa vegetación al pie de la montaña, donde moría un caudaloso y suave río en sus aguas turquesas. Todavía no había llegado nadie más cuando sus pies tomaron tierra, pero en cosa de un minuto comenzaron a llegar personas, de entre veinte y sesenta años de todas las razas volando desde todos los sentidos, y, en cuanto se posaron, en la relajante arena de la playa, todos corrieron a abrazarse en una explosión eufórica. Todos los androides quedaron reunidos y a un lado contemplando cómo los humanos lloraban, gritaban, reían, se abrazaban, se besaban, cantaban, se arrodillaban, saltaban, corrían, chapoteaban, era toda una especie unida en una larga y preciosa playa, como nunca antes ninguna especie lo había estado, que se agradecía, se quería, se amaba. La brisa del mar, delirante de pasión y de amor, se perdió enamorada besando la naturaleza.

Después del paroxismo pasional hicieron la fiesta más extasiada que nunca se celebró sobre la faz de la tierra. Una gran comida, en el umbral de la playa, a la sombra de tupidos árboles, con los alimentos que les proporcionaron los androides para esta ocasión y con todo tipo de licores y refrescos que los androides les habían reservado. La fiesta duró todo el día, llegó la noche, y embriagados de alcohol y fogosa felicidad, entre los miles de ojos brillantes que desde el firmamento les observaban, todos hicieron el amor, todos con todos y rendidos quedaron dormidos unos sobre otros abrazados en comunión. A la mañana siguiente, la mayoría despertó con el alba, los más cansados siguieron durmiendo y a lo largo de la mañana fueron despertando. Fueron a lavarse al río y después se reunieron con los androides que seguían en el mismo lugar y en la misma posición. Uno de los androides se dirigió al grupo y le dijo:

—Seguidme, os enseñaré vuestra granja.

¡Les habían construido una granja para todos! Le siguieron, se internaron en el bosque, y, no muy lejos, en una gran explanada, florecía una colosal granja entre la playa y la montaña. La granja se dividía en cuatro zonas:

La primera zona era el «área de los *bungalows*». Los androides habían construido un *bungalow* para cada uno. Todos los *bungalows* tenían dos puertas, una daba a la playa y la otra a la segunda zona de la granja, y tenían una cama, un armario, dos sillas y una mesa.

La segunda zona era el «área social» que se encontraba entre la primera zona y la tercera. El área social se componía de un gran porche móvil que prodigaba su sombra sobre una gran explanada. La explanada era cubierta por un gran número de mesas rectangulares y cuadradas ordenadas y rodeadas de sillas. Esta área también tenía una caseta grande y dos edificios. En la caseta estaban guardadas todas las herramientas para el cultivo de la tierra y para los animales, mientras que los edificios, uno estaba preparado para funcionar de hospital y el otro servía de almacén de alimentos.

—La tercera zona era el «área útil». El área útil se encontraba más adelante, detrás del área social y entre la cuarta zona. A aquella área la acompañaban un grupo de serviles árboles, que aparte de agasajar con su sombra servían para sostener las múltiples cuerdas de tender que se encontraban larga y cómodamente ordenadas, en fila, unas detrás de otras, para secar la ropa. A un lado del terreno de las cuerdas pero también entre árboles, había un pozo grandísimo, y, fuera de los árboles había una caseta enorme que eran los servicios. Los servicios tenían duchas, lavabos, urinarios, wáter y bidet, y se respiraba una higiene y pulcritud que eran envidiables. Cabe destacar que los servicios eran comunes. Además, el área útil, al lado de los servicios, tenía un fregadero impoluto y largo guardado por un porche.

La cuarta zona era el «área de producción». El área de producción se encontraba detrás del área útil y daba al pie de la montaña. El área de producción se componía de un huerto enorme que se dividía en muchas partes para poder sembrar en cada una de ellas, las verduras, hortalizas, frutas... que a cada estación correspondiera. Después disponía de la zona animal. Esta zona también se dividía en muchas partes y en cada una de ellas se encontraban los habituales animales de granja en sus establos, corrales...: vacas, cerdos, gallinas y gallos, conejos, cabras, ovejas, burros, mulas, bueyes...

En la granja no había electricidad ni se preocuparon de esa impertinencia. Maravillados regresaron todos al área social y allí todos reunidos, sentados en las mesas y sillas, bajo la exuberante sombra del porche, el androide que hacía de portavoz se dirigió así al grupo:

—Esta granja, como habéis podido observar, ha sido construida con las mínimas e indispensables condiciones para que vuestra especie pueda sobrevivir prósperamente. Esta granja queda al servicio, de los que os encontráis hoy aquí presentes, y para el servicio de vuestra descendencia. Habéis aprendido la lección, ahora sabéis qué valores son los importantes para la vida, qué valores debéis transmitir a los vuestros. Hemos concluido nuestro trabajo con la vida, ha llegado el momento de nuestra muerte. Así pues, felicidad.

Se hizo un silencio fatal que ni siquiera los trinos de los pájaros, ni las sombras de las hojas muertas que bailaban con el suelo al son del aire salado, o las olas, que allá a lo lejos, emergían para desplomarse abrazando la fina arena, osaron interrumpir. En medio de ese silencio estático y de centenas de pupilas hipnotizadas, los androides se desactivaron y jamás volvieron a renacer. Todo el mundo sabía cuál iba a ser el final y todo el mundo estaba preparado y mentalizado para ello. Aun así hubo sollozos y consternación por parte de todos. Los humanos, apesadumbrados, recogieron con delicadeza a cada uno de los androides y, entre todos, los llevaron a la playa. Todos los androides fueron expuestos, en fila, de pie, a lo largo de la playa. Bajo la fragancia de las sombras vegetales y el sonido salado del agua, brillante, crujiendo en la cálida arena, quedaron los androides, firmes, con sus característicos semblantes yertos y sus ojos apagados, vigilando el horizonte eternamente, en recuerdo del ayer, en enseñanza del mañana.

Agradecimientos

A mi familia, a mis colegas (ellos saben quiénes son), a mi asistente social Belén, a la asociación «A pie de calle» de Fuenlabrada, a la asociación «La Casita» de Fuenlabrada y al bar «Siempre a tope» de Alcorcón. Y por supuesto, a la editorial Aliar ediciones por darme la oportunidad de publicar el libro. Gracias.

Índice

Poesías

El guerrero *(para los peques)* 13
¿Dónde te quedaste? 14
Un día 15
Para mi compañera 16
Pam, pam, pam 17
Tus ojos 18
Cáncer de mama 19
Brindo por ellos 20
Conexión 21
Tengo un sueño 22
Las pollas 23
Para ti, mujer 24
Tú 25
El beso de una puta 26
El hechizo de tu ventana 27
Me contó la vida 28
¿Quién era? 29
Fuenlabrada, tierra maldita 30
¿Dónde estás? 31
Las palabras están putrefactas 32
La extraña chica 33
Las mujeres de mi barrio 34
Gracias, amigo 35

La charca 36
Piedra, rueda 37
Tu mirada 38
Como rayos de luz 39
Por si acaso te meto mano 41
Mi cresta 42
Las ganas 44
Escapé 44
Para la muerte 45
Desconexión 46
Tu esencia 46
A la libertad 46
Que comience el show 47
Velas apagadas 48
Mi almohada 49
El diferente 51
La ola de cristal 53
Mi bandera 54
Hermana del sol 55

Reflexiones

La diferencia entre justicia y venganza 59
Celda 666 61
Libertad 63
El silencio 63
El ojo 63
Para la ciencia 64

Dicen por ahí 65
La última flor 65
Utopía 65
El prejuicio 66
Un domingo por la tarde 67
La serpiente «el agua de la morte» 68
Tú decides 69
Morder el remordimiento 70
La costumbre 71
Sé un soñador 72
Dos magnates 73
Carta de un niño corriente 74
Gilipollas 76
Ten siempre las puertas abiertas 77
La violencia 77
La cordura 78
Comprensión 78
La inteligencia 78
No es no, sí es sí y no sé, pues es no sé 79
Los primeros síntomas de la corrupción humana... 81
La reeducación 82
Chulos machos y Barbies con pelos 83
¿A qué huele en Semana Santa? 84
La chica del servicio 86
Las apariencias engañan 87
El diablillo de pus 89
Y aunque 90
La gran tormenta 97

Relatos

Colocón y serenidad 101
Sexo libre 104
El violador 105
El auténtico 106
Fuimos un equipo casi invencible 107
Mi suplicio 109
La persona llamada rabia 111
Los diminutos microseres 113
La profesora Eva 115
Confesión de la profesora Eva 120
La enseñanza del mañana 127
Agradecimientos 173

Este libro se terminó de editar en Granada
en febrero de 2024 por

Aliarediciones

www.aliarediciones.es
info@aliarediciones.es